Gustavo Gutiérrez
Gerhard Ludwig Müller

An der Seite der Armen

Theologie der Befreiung

Gustavo Gutiérrez
Gerhard Ludwig Müller

An der Seite der Armen

Theologie der Befreiung

Mit einem Vorwort von Prof. Dr. Josef Sayer,
Vorsitzender des Bischöflichen Hilfswerks
Misereor e. V.

SANKT ULRICH VERLAG GmbH

Die Texte von Gustavo Gutiérrez wurden aus dem Spanischen
übersetzt von Gerhard Ludwig Müller (S. 15-28) und
Veit Neumann (S. 53-78, S. 111-162).

Bibliographische Information Der deutschen Bibliothek

Die Deutsche Bibliothek verzeichnet diese Publikation in der
Deutschen Nationalbibliographie; detaillierte bibliographische Daten
sind im Internet über http://dnb.ddb.de abrufbar.

© 2004 by Sankt Ulrich Verlag GmbH, Augsburg
Alle Rechte vorbehalten
Umschlaggestaltung: UV Werbung, Mediengruppe Sankt Ulrich Verlag, Augsburg
Titelbild: Pohl, Adveniat Essen
Druck und Bindung: Freiburger Graphische Betriebe GmbH & Co. KG, Freiburg
Printed in Germany
ISBN 3-936484-40-6
www.sankt-ulrich-verlag.de

Inhalt

Vorwort
Josef Sayer   7

Die Theologie: eine kirchliche Aufgabe
Gustavo Gutiérrez   15

Befreiende Erfahrung:
Impulse für die europäische Theologie
Gerhard Ludwig Müller   29

Die Lage und die Aufgaben
der Theologie der Befreiung
Gustavo Gutiérrez   53

Befreiungstheologie im Meinungsstreit
Gerhard Ludwig Müller   79

Wo werden die Armen schlafen?
Gustavo Gutiérrez   111

Die gemeinsame Zukunft der einen Kirche:
Solidarität in Christus
Gerhard Ludwig Müller   163

Anmerkungen   169

Vorwort

Von Josef Sayer

Zwei Theologen haben an vorliegendem Buch geschrieben: Der bekannte, über 76 Jahre alte peruanische Befreiungstheologe Gustavo Gutiérrez und der 2002 zum Bischof von Regensburg ernannte Münchener Professor der Dogmatik Gerhard Ludwig Müller. Zwei Theologen aus zwei verschiedenen Erfahrungswelten. Gleichwohl gibt es im Denken dieser beiden miteinander befreundeten Personen (Gutiérrez konzelebrierte bei der Bischofsweihe von Gerhard Ludwig Müller) wichtige Parallelen und gemeinsame Grundüberzeugungen.

Gustavo Gutiérrez begegnete ich zum erstenmal persönlich 1978 anläßlich eines Interviews. Einen zweifachen Eindruck nahm ich mit: Da ist eine leidenschaftlich um die Frage ringende Person: „Wie kann man von der Liebe Gottes angesichts des Elends der Armen und der Ungerechtigkeit in der Welt sprechen?" Diese Grundfrage der Theologie der Befreiung hat auch mich seither nicht mehr losgelassen. Und der zweite Eindruck war: Ein Interview ist eine ungeeignete Methode, um Gustavo Gutiérrez zu begegnen. Während meiner späteren Arbeit in Peru hatte ich viele Gelegenheiten, Gutiérrez bei Vorträgen und Kursen, bei Gottesdiensten und mitten unter den Armen kennenzulernen. Die Nähe zu den Armen kennzeichnet ihn: Er war neben – oder richtiger müßte man sagen: gerade *wegen* – seiner theologischen Tätigkeit immer auch Priester in einer Slumgemeinde. So überrascht er in seinen theologischen Reflexionen immer mit Beispielen aus dieser Praxis. Ein Beleg: „Eine Frau aus dem Slum hat mich gelehrt, daß der Gegensatz von ‚Freude' nicht das ‚Leid' ist, sondern der Trübsinn. Wer dem Trübsinn verfällt, sieht keine Zukunft, hat keine Hoffnung. Das leidende Volk, die Armen haben Hoffnung, und ihre liturgischen Feiern sind von Schönheit, Hoffnung und Freude erfüllt. Arme feiern freudvolle Feste." Gutiérrez kennzeichnete immer wieder, wie sehr er von den Armen lernt, in ihnen also wirklich Subjekte sieht. Ihr Leben ließ ihn seit der Rückkehr aus Peru in Europa nicht zur Ruhe kommen. Seine besondere Fähigkeit zur Wahrnehmung und Analyse der gesellschaftlichen Realität und der Lebensbedingungen der Armen war es auch, die ihn zum „Vater der Theologie der Befreiung" werden ließ: Er sollte 1968 einen Vortrag – dem damaligen Zeitgeist entsprechend – zur „Theologie der Entwicklung" halten. Gutiérrez gestaltete in Abwandlung des Themas aus seiner Sicht den Vortrag zur „Theologie der Befreiung". Diese Grundgedanken des Referates erweiterte er zu dem gleichnamigen Buch, und im Lauf der Jahre hat er ein wissenschaftliches Oeuvre geschaffen, das Theologiegeschichte machte.

Für viele Menschen stellt es eines der innovativsten theologischen Ansätze des 20. Jahrhunderts dar. Wie jede „neue" Theologie mußte auch die Theologie der Befreiung sich und der Kirche Rechenschaft darüber ablegen, inwieweit die Essentialien der christlichen Tradition in ihr erkennbar und wirksam sind. Diesen Erweis hat die Theologie der Befreiung nicht zuletzt durch die Werke von Gutiérrez geliefert, in denen sich der Einsatz für die Armen mit einer tiefen – im besten Sinne – katholischen Spiritualität und Mystik verbindet. Die epochale Bedeutung der Theologie der Befreiung liegt darin, daß sie der Kirche geholfen hat, den Einsatz für Gerechtigkeit und die ganzheitliche Verkündigung der Frohen Botschaft für und insbesondere durch die Armen als einen ihrer substantiellen Imperative wiederzuentdecken. Die zentralen Erkenntnisse der Theologie der Befreiung – die Reflexion über die wachsende Kluft zwischen Arm und Reich, die Strukturen der Sünde und die vorrangige Option Gottes für die Armen – sind vor allem in der Lehre und Verkündigung von Papst Johannes Paul II. fruchtbar. Wenn jemand Gustavo Gutiérrez vorhält, die

Theologie der Befreiung werde doch kaum noch erwähnt, sie hätte ihre beste Zeit wohl hinter sich, antwortet der peruanische Theologe schmunzelnd, ein Mensch immerhin spreche doch sehr wohl immer wieder von ihr, nämlich der Papst selbst, wenn er sich ohne Unterlaß für die vorrangige Option für die Armen und ihre Rechte einsetzt. Auf den Namen „Theologie der Befreiung" komme es ihm nicht an. Das betont Gutierrez immer wieder. Ihm geht es um die Lebensrealität der Armen. Solange diese nach wie vor schlecht und „gotts-erbärmlich" – im Sinne des Wortes – ist, ist das Anliegen der Theologie der Befreiung lebendig zu erhalten.

In diesem Sinne steht die oft von interessierter Seite totgesagte Theologie der Befreiung wohl am Beginn eines noch langen Weges. In ihrer bisherigen, etwa 35jährigen Geschichte hat sie zudem – vor allem in der katholischen Kirche Lateinamerikas, aber nicht nur dort – beachtliche Erfolge aufzuweisen. 1968 kamen die Bischöfe Lateinamerikas in der kolumbianischen Stadt Medellín zusammen. Diese Versammlung gilt als die offizielle Geburtsstunde einer Bewegung, die aus dem Evangelium nicht nur den Imperativ zu karitativer Hilfe für die Armen, sondern auch zu konkreten gesellschaftstransformierenden Ausrichtungen zog.

Die weitverbreitete Armut und Ungerechtigkeit in diesem „katholischen" Kontinent – wie auch darüber hinaus - sind zwar bei weitem nicht überwunden, aber innerhalb von Theologie und Kirche hat sich die Einstellung der Armut und dem Elend gegenüber entscheidend verändert. Die Kirche und die Theologie sind sich bewußt geworden, daß die wachsende Kluft zwischen Arm und Reich nicht nur eine Folge mehr oder weniger zufälliger ökonomischer und sozialer Umstände darstellt, sondern ein Ausdruck struktureller Sünde, die der Schöpfungsordnung widerspricht, ja letztlich Gotteslästerung ist. Die Existenz von Armut und Ungerechtigkeit ist für die Theologie der Befreiung nicht

einfach eine sozialethische Frage neben anderen. Vielmehr macht die Theologie der Befreiung deutlich, daß damit die Frage nach Gott selber auf dem Spiel steht. Es geht also nicht nur um das siebte, sondern auch und in erster Linie um das erste Gebot. Der Absolutheitsanspruch des Götzen Markt, der sich die fundamentalen Lebensinteressen eines großen Teils der Menschheit unterwirft, steht im Widerspruch zum Bekenntnis zu dem einen Herrn von Welt und Geschichte, der sich als der gezeigt und erwiesen hat, der für die Armen und Ausgeschlossenen Partei ergreift.
Gustavo Gutiérrez hat eine Theologie begründet, die von der Erfahrung der Armen mit Gott und von der „Erfahrung Gottes" mit den Armen ihren Ausgang nimmt: Wie kann von der Liebe Gottes angesichts des Elends der Armen gesprochen werden? Wie steht es um die Hoffnung der Armen? In den theologischen Arbeiten Gustavo Gutiérrez' spiegelt sich das Nachdenken über die – aber auch *der* – Armen Perus und weltweit über ihre Vergangenheit, ihre Gegenwart und ihre Zukunft wider. Dieses Nachdenken über die weitverbreitete Ungerechtigkeit und das Elend der Armen könnte zweifelsohne depressiv machen, ja verzweifeln lassen, wenn die Armen selbst nicht ihre Vergangenheit, ihre Gegenwart, vor allem aber auch ihre Zukunft im Lichte ihres Glaubens an Gott verstehen würden – und wenn sie Gott nicht als einen Gott auf ihrer Seite erfahren hätten. Gustavo Gutiérrez hat der Theologie diese Hoffnung der Armen vermittelt und sie in eine theologisch-systematische Sprache gebracht. Er hat uns auf diese Weise verständlich gemacht, daß die Armen eine Zukunft haben, nicht etwa weil sie „moralisch" gut wären oder aufgrund ihrer Verdienste und Fähigkeiten, sondern weil Gott gut ist und er es so will. Er hat in Jesus Christus seine vorrangige Option für sie getroffen.
Gerhard Ludwig Müller lernte Gustavo Gutiérrez 1988 persönlich kennen, und zwar im Rahmen eines fünfwöchigen theologischen Seminars deutschsprachiger Theologie-

professoren in Peru. Nach einer intensiven gemeinsamen Vorbereitung und Einarbeitung in das theologische Werk von Gustavo Gutiérrez kamen diese Professoren nach Peru, tauchten in die sozialen und pastoralen Realitäten von Slumpfarreien bis hin zu Campesinogemeinden in den Hochanden Perus ein. Nach einer weiteren intensiven Phase der theologischen Reflexion dieser Praxiserfahrung folgte ein einwöchiger Intensivworkshop mit Gustavo Gutiérrez in Lima. Diese randvollen Tage der theologischen Diskussion mit Gutiérrez bildeten nicht nur die Grundlage einer fortdauernden Beziehung und Freundschaft der beiden Theologen, sie eröffneten auch die Hinwendung von Müller zur Kirche und Theologie in Lateinamerika. Was für einen Professor einer deutschen Universität höchst ungewöhnlich ist, wurde für ihn zu einer wiederkehrenden Selbstverständlichkeit: Sechs bis acht Wochen seiner vorlesungsfreien Zeit verbrachte er während einer Reihe von 15 Jahren in Lateinamerika, lehrte in verschiedenen Priesterseminaren, vor allem in Cuzco in Peru, hielt Sommerkurse für Priesteramtskandidaten und – was besonders hervorzuheben ist – er lernte die Lebenswirklichkeit der Armen ungeschminkt kennen. Bischof Müller lebte jeweils wochenlang in Campesinopfarreien zwischen 3000 und 4300 Metern Höhe, teilte das harte und entbehrungsreiche Leben dieser Armen, besuchte über steile Bergpfade auch die abgelegensten Dörfer und schlief auf dem gestampften Boden der Lehmziegelhäuser der Campesinos. Lateinamerikanische Theologie im Sinne der Theologie der Befreiung treiben heißt die Lebensrealität der Armen kennenzulernen und als Referenzpunkt der theologischen Reflexion zu erfassen. Solchermaßen Theologie zu treiben heißt Glaube und Leben aufs engste zu verknüpfen.

Hier setzte Müller ganz konkret um, was er in vielen Begegnungen mit Gutiérrez diskutiert hatte. Seine Herkunft aus einer Arbeiterfamilie, die die Entbehrungen der Nachkriegszeit zu tragen hatte, halfen Müller, sich so konsequent der Lebenswirklichkeit der Armen auszusetzen. In vielen Vorträgen in Europa und einer Reihe von Schriften warb Müller für ein besseres Verständnis von Kirche und Theologie Lateinamerikas, insbesondere für die Theologie, wie sie Gustavo Gutiérrez entfaltete.

Wenn die Theologie der Befreiung, wie sie Gutiérrez lehrt, sich auch naheliegenderweise auf die spezifischen Verhältnisse und Gegebenheiten in Lateinamerika bezieht, macht sie – das versucht Müller in seinen Veröffentlichungen zum Thema immer wieder zu zeigen – dennoch zugleich grundsätzlich deutlich, daß sich die Kirche überall auf der Welt nicht auf sich selbst zurückbeziehen, sich nur für ihre eigenen Anhänger interessieren darf. Sie hat eine Verpflichtung für die gesamte Menschheit und die konkrete Gesellschaft, in der sie lebt und existiert. Christsein heißt immer auch, sich für die politischen, wirtschaftlichen, sozialen und kulturellen Grundrechte der Menschen und ihre Würde als Kinder Gottes – und damit für eine humane Gesellschaft – einzusetzen.

Das vorliegende Buch „An der Seite der Armen. Theologie der Befreiung" ist die Frucht des Nachdenkens der beiden Theologen Gutiérrez und Müller. Es beleuchtet die Rolle von Kirche und Theologie im Zeitalter einer einseitig auf das Wirtschaftliche fixierten Globalisierung neoliberalen Stils. Mit dem Fall des Eisernen Vorhangs und dem Sturz der kommunistischen Diktaturen prophezeiten viele den endgültigen Sieg des Kapitalismus. Doch diese weitgehend einseitige wirtschaftliche Globalisierung muß im Lichte der Prinzipien sozialer Gerechtigkeit beleuchtet und bewertet werden, wie Johannes Paul II. in seiner Soziallehre und in vielen Reden bei seinen Reisen nicht müde wird zu betonen. Hierbei ist besonders die vorrangige Option für die Armen und das Sehen der Realität im Licht der Bibel zu beachten. Hierin gründet der Ansatz einer christlichen Theologie der Befreiung von heute. Dies erhellt Gutiérrez besonders in seinem umfangreichen Artikel „Wo werden die Armen schlafen?", den er im Rahmen eines theologischen, dreitägigen Kolloquiums im kleinen Kreis *im Beisein von Kardinal Ratzinger,* dem Präfekten der Glaubenskongregation, gehalten hat. In dem Buch „Salz der Erde" geht Kardinal Ratzinger explizit auf Gustavo Gutiérrez ein: „Wir sind in einem Dialog mit ihm eingetreten – den ich zum Teil auch ganz persönlich geführt habe – und dabei in ein immer besseres Einverständnis gekommen.

Das hat uns geholfen, ihn zu verstehen, und er hat andererseits die Einseitigkeit seines Werkes eingesehen und es wirklich weiterentwickelt auf eine sachgerechte und integrationsfähige Form von ‚Befreiungstheologie' hin." Das vorliegende Buch fragt nach der Bedeutung der Theologie der Befreiung für die gegenwärtige Theologie insgesamt und das heutige kirchliche Leben und qualifiziert die Theologie der Befreiung als notwendige und integrale kirchliche Aufgabe. In seiner „Botschaft an die Welt", kurz vor Beginn des II. Vatikanischen Konzils, sprach Papst Johannes XXIII. von der Kirche als „vornehmlich der Kirche der Armen". Erste Frucht dieser Ermahnungen waren die Konzilskonstitutionen „Lumen gentium" und „Gaudium et spes". Im weiteren wirkten diese fundamentalen – auch sozialen – Impulse des Konzils in der Theologie der Befreiung der Kirche Lateinamerikas fort. Und solange es die bodenlose Ungerechtigkeit sowie Krankheiten, die zum Tod von Armen führen, weil sie aufgrund von Ungerechtigkeit nicht behandelt werden, und andere strukturelle Benachteiligungen in Gestalt von mehr als 830 Millionen Hungernden weltweit trotz eines noch nie dagewesenen Reichtums gibt, sowie Krankheit und Benachteiligung etc., muß und wird es auch die Theologie der Befreiung geben, da Gott in Jesus uns alle zur Freiheit befreit (vgl. Gal 5,1).

Die Theologie: eine kirchliche Aufgabe*

Von Gustavo Gutiérrez

Gegenstand folgender Überlegungen sollen die gegenwärtigen und zukünftigen Herausforderungen einer Theologie sein, die im Dienst der Kirche in Lateinamerika und der Karibik steht.

Wir gehen von der Überzeugung aus, daß die theologische Arbeit eine Berufung ist, die sich aus der Mitte der kirchlichen Gemeinschaft erhebt und in ihr auszuüben ist. In der Tat, der Ausgangspunkt der Theologie kann nur das Geschenk des Glaubens sein, in dem wir die Wahrheit des Wortes Gottes empfangen haben. Alle Beiträge der Theologie müssen sich in den Dienst an der Verkündigung und Bezeugung des Evangeliums stellen.

Diese Verankerung der Theologie in Sein und Sendung der Kirche gibt der Theologie ihre Daseinsberechtigung, ihre Fragehorizonte und bringt sie in Kontakt mit den Quellen, aus denen sie die Offenbarung entgegennimmt: die Heilige Schrift und die Tradition. Zur Theologie gehört auch, daß sie sich vom kirchlichen Lehramt anregen läßt, dessen spezifische Aufgabe bei der Vermittlung der Offenbarung sie anerkennt. Diese Ortsbestimmung der Theologie bringt sie auch in einen lebendigen Kontakt mit anderen Funktionen der Kirche (Liturgie, Diakonie etc.).

Evangeliumsverkündigung und Theologie

Was ist nun näherhin der Auftrag der Theologie, der ihr aufgrund ihres wesentlichen Zusammenhangs mit der Kir-

che obliegt und in dem sie ihre konkrete Verantwortung für die Evangelisation wahrnimmt?
„Die Theologie" – so sagt es das Dokument über die kirchliche Berufung des Theologen – „leistet ihren Beitrag dazu, daß der Glaube mitteilbar wird". Daß dies zunächst für die Christen gilt, versteht sich von selbst. Insofern spielt die Theologie eine bedeutende Rolle innerhalb der Kirche und ihren internen Prozessen der Selbstvergewisserung. Aber der Theologie wächst auch die Aufgabe zu, „denen, die Christus noch nicht kennen",[1] den Glauben plausibel und akzeptabel zu machen. Eben diese missionarische Perspektive macht den Theologen sensibel für die Anfragen und Sorgen der Fernstehenden oder derer, die ihren Glauben nicht praktizieren. Sie fördert aber auch ein tieferes Verständnis des Glaubens selbst. In diesem Dynamismus einer „Wahrheit, die sich ihrer Natur gemäß mitteilen will",[2] zeichnet sich auch die besondere Aufgabenstellung der Theologie ab. Die Theologie ist eine Sendung, die zu ihrem Ziel kommt in einer Kirche, die durch das Wort Gottes konstituiert ist. Gerade aus „dem Inneren der Kirche"[3] heraus verkündet sie die Wahrheit, die freimacht (vgl. Joh 8,32). Es ist das Heil des Menschen in Jesus Christus, das die theologische Reflexion ihrem Höhepunkt entgegenführt.
Santo Domingo nennt dies „den prophetischen Dienst der Kirche",[4] zu dem der Dienst der Theologen untrennbar dazugehört. Sein Inhalt ist die Proklamation der Gottesherrschaft in Christus und die integrale, d. h. alle Dimensionen menschlicher Existenz einbeziehende Befreiung. Eine solche Verkündigung muß ebenso die Treue zur Botschaft wahren, wie sie auf die Sprache unserer Zeitgenossen einzugehen hat. Hiermit haben wir den entscheidenden Beitrag der Theologie herausgestellt, weshalb sie in einen Dialog eintreten muß mit der Mentalität, den Verstehensbedingungen und der Kultur der Hörer des Wortes. Von daher ließe sich auch eine Pastoral entwickeln, die ihre Adressaten ermuntert, dem Zeugnis und der Lehre Jesu zu folgen. In dieser

Aufgabe „wird der Theologe nie vergessen, daß auch er ein Glied des Volkes Gottes ist, und er wird sich bemühen, ihm eine Lehre vorzutragen, die in keiner Weise der Glaubenslehre Schaden zufügt." Anderseits läuft er Gefahr, daß die augenblicklichen Nöte ihm die Sicht auf die Fülle und Integrität des Evangeliums erschweren. Er würde seiner Dienstfunktion im Bezug auf den Verkündigungsauftrag der Kirche und ihrer Hirten nicht voll gerecht. In der Tat: „Die der theologischen Forschung eigene Freiheit gilt innerhalb des Glaubens der Kirche".[5]

Die Theologie ist ein Sprechen von Gott im Licht des Glaubens. Die Rede darüber, wer er ist und was er für uns ist, stellt das einzige Thema der Theologie dar. Dem Geheimnis Gottes müssen wir uns in Ehrfurcht und Demut nähern. Doch gilt auch, daß nach biblischem Sprachgebrauch Mysterium etwas ganz anderes sein will als das, was man gewöhnlich als „Geheimnis" bezeichnet. Es ist ein Geheimnis, das mitgeteilt werden will. Das Geoffenbartsein gehört geradezu zum Wesen des Mysteriums im Sinne der christlichen Offenbarung als Selbstmitteilung Gottes (vgl. Röm 16,25 f.). Die Theologie konstituiert sich damit als „die Wissenschaft von der christlichen Offenbarung".[6]

Gleichzeitig muß sich jeder Theologe auch dessen bewußt bleiben, daß er mit seinen Möglichkeiten niemals alle Dimensionen und Aspekte des Wortes Gottes wird voll zur Sprache bringen können, das in der Schrift enthalten ist und durch die lebendige Tradition der Gesamtkirche vermittelt wird, wobei dem Lehramt eine eigene, vom Geist Gottes vorgesehene Rolle zukommt.[7] Außerdem beschränkt sich der der Kirche von den Aposteln überkommene Glaubensinhalt (depositum fidei) nicht darauf, Antworten auf unsere Fragen bereitzustellen. Der Glaube ruft selbst neue Fragen hervor und fordert ein beständiges Bemühen um ein tieferes Verständnis. Auf der anderen Seite ist zu berücksichtigen, daß die Rede von Gott in einer ständig sich wandelnden historischen Situation geschehen muß. Keine einzige der Dimensionen menschlicher Existenz, die sich immer mit komplexen sozialen Perspektiven überschneiden, kann von der konkreten Bedingtheit, in der sich Jüngerschaft Jesu vollzieht, ausgenommen werden. Von dieser Gegebenheit her entstehen unaufhörlich neue Herausforderungen an den Glaubensdiskurs. Deswegen hat die Bischofsversammlung von Santo Domingo im lateinamerikanischen Kontext gesagt, daß die theologische Arbeit Impulse zu geben hat „für die soziale Gerechtigkeit, die Verwirklichung der Menschenrechte und die Solidarität mit den Ärmsten".[8] Was wäre nicht bedrängender im Lateinamerika von heute? Aus allen diesen Gründen hat die theologische Sprache immer etwas Approximatives. Sie soll immer vorbereitet sein auf neue und unerwartete Perspektiven, eine Präzisierung ihrer Begriffe und eine Verbesserung ihrer Formulierungen. So ergeben sich stets neue Wege in unserer Rede in bezug auf Gott, wenn wir mit angemesseneren Begriffen uns der geoffenbarten Wahrheit anzunähern versuchen. Dabei bleibt die Überzeugung maßgebend, daß keine Theologie sich schlechthin mit dem Glauben identifizieren darf. Das ist eine klare, traditionelle Position. Ein Pluralismus in der Theologie innerhalb der Einheit des Glaubensbekenntnisses ist so alt wie die Kirche selbst.[9] In diesem Sinn müssen die unterschiedlichen Theologien als eine wertvolle Bereicherung des kirchlichen Lebens und als Hilfen bei der Ausübung ihres Auftrags angesehen werden, unter der Bedingung, daß sie sich nicht verabsolutieren oder voneinander isolieren. Wichtig ist auch das Bewußtsein, daß sie in aller Selbstbescheidung dem größeren Auftrag der Kirche als ganzer verpflichtet bleiben wollen.

Die gegenwärtige Lage in Lateinamerika

Wenn der lebendige und gelebte Glaube der Kirche neue Wege sucht, um sich Außenstehenden verständlich zu machen, fragt die Theologie ihrem Auftrag entsprechend, wie diese Experimente, die einer theologischen Reflexion entstammen, im Einklang mit der Offenbarung stehen. Es gibt genügend Beispiele für diesen Vorgang. Gekommen ist jetzt der Augenblick einer Vertiefung der theologischen Reflexion im Licht der unerschöpflichen Quellen des Glaubens, aus denen das Leben der Kirche gespeist wird.

Die Armut ist ein Thema des Evangeliums und eine Herausforderung, die im Laufe der Kirchengeschichte immer präsent war. Aber ihre Anprangerung in Medellín („unmenschliches Elend"), Puebla („widerchristliche Armut") und Santo Domingo („absolute Unerträglichkeit der Armut") bewirkte, daß die Armut, unter der die große Mehrheit der Bevölkerung in Lateinamerika und der Karibik leiden muß, erst in ihrer ganzen himmelschreienden Brutalität allen vor die Augen trat. Es war eine altbekannte Tatsache, die jetzt aber mit voller Wucht das menschliche und christliche Gewissen vieler wachgerüttelt hat und die auch die Kirche zur Wahrnehmung ihrer ureigenen Aufgabe geführt hat, die sich angesichts der epochalen Herausforderung der Armut und des menschenunwürdigen Elends stellt. Der „Andere" in einer Gesellschaft, die ihn marginalisierte und beseite schob, hatte sich präsent gemacht, indem er Solidarität einforderte. Die Grundfrage ist doch: Wie soll ich dem Armen, d. h. dem, der auf der untersten Stufe der Gesellschaftsleiter steht, sagen, daß Gott ihn liebt?

Diese Frage hat ihre Fruchtbarkeit erwiesen in dem pastoralen Handeln der Kirche und in dem theologischen Weg, der eingeschlagen wurde, um darauf eine Antwort zu finden. Angesichts des ungerechten und vorzeitigen Todes, den die Armut verursacht, gewinnt der „noble Kampf für die Gerechtigkeit" (Papst Pius XII.) dramatische und drängende Züge. Sie zur Kenntnis zu nehmen ist eine Frage der Vernunft und des Charakters. Es ist dringend erforderlich, eine Mentalität zu überwinden, die diese bedrängende Lage ausschließlich auf die Ebene des Politischen verschie-

ben will, wo der Glaube wenig oder nichts beizutragen hat. Dies wäre nichts anderes als „eine Scheidung von Glauben und Leben", woraus sich – wie es im Dokument von Santo Domingo heißt – „himmelschreiende Situationen der Ungerechtigkeit, der sozialen Ungleichheit und der Gewalt" zwangsläufig ergeben.[10] Trotzdem heißt die Zurkenntnisnahme bestehender sozialer Konklikte keineswegs, eine Konfrontation der sozialen Gruppen als Methode des gesellschaftlichen Wandels zu vertreten.
Mit den Worten von Papst Johannes Paul II. gesprochen, ist der „programmierte Klassenkampf"[11] inakzeptabel. Zweifellos befinden wir uns hier in einem umstrittenen und schlüpfrigen Terrain. Das Risiko von Verkürzungen oder von unterschiedlich interpretierbaren Begriffen erweist sich als erheblich. Leicht kann man sich gefangennehmen lassen von den emotionalen Aspekten der Situation, eine gewisse Faszination vor dem Neuen zu empfinden oder den Wert der Sozialwissenschaften zu überschätzen. All das ist notwendig, um die ökonomisch-soziale Realität voll zur Kenntnis zu nehmen. Aber es handelt sich um Versuche in ihrem ersten Stadium. Unter diesen Umständen kann die Behauptung einer wissenschaftlichen Erforschung der gesamten sozialen Realität nicht als ein definitives und unwiderlegliches Ergebnis der Wissenschaft akzeptiert werden – ganz abgesehen davon, daß ideologische Implikationen in scheinbar rein wissenschaftlichen Untersuchungen nie voll ausgeschlossen werden können.[12] In Anbetracht der drei Ebenen, auf denen von der Befreiung zu sprechen ist („in der Beziehung des Menschen zur Welt als Herr und seinen Mitmenschen als Bruder und zu Gott als Sohn") kommt uns Puebla zuvor: „Wir befreien uns durch die Teilhabe an dem neuen Leben, das uns Jesus Christus bringt und durch die Gemeinschaft mit ihm im Geheimnis seines Todes und seiner Auferstehung unter der Bedingung, daß wir dieses Geheimnis auf den drei soeben dargelegten Ebenen leben, ohne eine von diesen Ebenen auszuschließen. Auf diese

Weise beschränken wir es weder auf einen Vertikalismus einer geistigen Verbindung mit Gott ohne Einbeziehung des Leiblichen, noch auf einen einfachen existentiellen Personalismus von Bindungen einzelner oder kleiner Gruppen untereinander, und noch viel weniger auf einen Horizontalismus sozio-ökonomisch-politischer Art".[13] Eben dies ist die integrale Befreiung in Christus, die uns zur vollen Gemeinschaft mit Gott und untereinander führt.[14] Die soziale und politische Befreiung darf in keiner Weise die übergreifende und radikale Bedeutung der Befreiung von der Sünde verdecken, die allein das Werk der Vergebung und der Gnade Gottes ist. Es erwies sich als notwendig, unsere Ausdrucksweisen zu verfeinern, um jeden Anflug von Mißverständnissen zu vermeiden. Dazu können wir direkt beim Evangelium ansetzen. Sein zentraler Gehalt ist die Gottesherrschaft. Aber das Reich Gottes will ergriffen sein von Menschen, die in der konkreten Geschichte leben. Konsequenterweise betrifft die Verkündigung eines Reiches der Liebe, des Friedens und der Gerechtigkeit auch das soziale Zusammenleben. Trotzdem überschreiten die Forderungen des Evangeliums das politische Projekt einer veränderten Gesellschaft. Diese soll gerecht und in einem gewissen Sinne neu sein in den Weisen und Mitteln, mit denen die Würde der menschlichen Person in den Mittelpunkt gestellt wird. Für einen Christen hat die Menschenwürde ihr innerstes Fundament in der Erschaffung des Menschen „auf das Bild Gottes hin" (Gen 1,26), das Christus wiederhergestellt hat, indem er die Freundschaft aller menschlichen Wesen mit Gott begründete (vgl. Röm 8,29; Gal 4,4-6; Joh 15,15).

Die sozialen Konfliktsituationen können nicht vergessen machen, daß es eine Pflicht zu universaler Nächstenliebe gibt, die keine Schranken der sozialen Klassen, der Rasse und des Geschlechts mehr kennt und anerkennt. Die Behauptung, daß der Mensch der verantwortliche Träger seines Schicksals in der Geschichte ist, muß so verstanden werden, daß man mit einem besonderen Feingefühl die

Gnadeninitiative Gottes in der Heilsgeschichte aufgreift, deren letztes Ziel die absolute Zukunft des Menschen in der Geschichte ist. Die Gabe Gottes, „der uns zuerst geliebt hat" (1 Joh 4,19), markiert auf wirksame Weise den Raum menschlichen Handelns, das sich als freie Antwort auf die zuvorkommende Liebe Gottes vollzieht.
Unvermeidlicherweise gibt es dabei Fehlentwicklungen und menschliches Versagen. Auch hat es Fehler und Versäumnisse gegeben bei der Analyse einer neuen historischen Situation. Auf diese Weise rief man eine Debatte über die Befreiungstheologie hervor, die sogar den kirchlichen Bereich überschritt, um in den weiten und sensationsträchtigen Bereich der Massenmedien einzutreten. Nichtsdestoweniger gewann – jenseits aller Scheinargumente und hitzigen Auseinandersetzungen – ein Prozeß an Dynamik, der gekennzeichnet ist von einem wechselseitigen Respekt, von argumentativen Einwänden, einem Verlangen nach notwendigen Präzisierungen seitens der kirchlichen Autorität, einer neuen Sensibilität für die Zeichen der Zeit, besonders die Sehnsucht nach Freiheit und Befreiung, einer legitimen Darstellung der Zweifel und einem Interesse für eine Theologie, die dem tatsächlichen Leben der kirchlichen Gemeinden nahesteht. Alles dies bestätigt, daß die Suche nach einer theologischen Einschätzung der neuen Realitäten einer stetigen Klärung bedarf. Die Unvollkommenheiten in der Sprache müssen zugunsten einer besseren Ausdrucksweise überwunden werden, die keinen Raum zu Mißverständnissen im Bereich der Glaubenslehre läßt. In der Tat trägt jede theologische Reflexion immer die Spuren der augenblicklichen Umstände an sich, in denen sie entstanden ist. Dies gilt insbesondere für den theologischen Ansatz der Befreiungstheologie, der in den Jahren nach dem Konzil in Lateinamerika entwickelt worden war. In dieser Zeit galt es, viele schwierige Situationen zu bestehen, Antwort zu geben auf manche unausgesprochene Herausforderung an das Verständnis des

Glaubens mit der Absicht, denen entgegenzukommen, die – trotz des missionarischen Impulses des Evangeliums auf die Theologie – die Bedeutung des Evangeliums für die Realitäten des sozialen und politischen Lebens nicht wahrzunehmen vermögen.

Wichtig ist vor allem, klar die Risiken und Grenzen zu erkennen und aufmerksam abweichende Meinungen anzuhören. Eine solche Haltung ergibt sich – es ist angezeigt, dies zu bemerken – aus dem Verständnis der theologischen Arbeit als Dienst an Zeugnis und Verkündigung des Evangeliums der ganzen Kirche, was ja unser Thema war. In der Theologie muß man stets bereit sein, „seine eigenen Meinungen zu modifizieren", um ihrer Funktion als Dienst an der „Gemeinschaft der Glaubenden gerecht zu werden".[15] Das ist der Sinn der theologischen Arbeit, und man kann voll zustimmen, wenn es heißt, daß „kein Theologe absehen kann von der Lehre und dem Ambiente lebendiger Erfahrung der Kirche, in der das Lehramt das depositum fidei bewahrt und authentisch auslegt".[16]

Heute das Evangelium verkünden

Obwohl die letzten Jahre der Auseinandersetzung um die Befreiungstheologie oft schwierig waren, aber auch fruchtbare Ergebnisse gebracht haben, kann man doch feststellen, daß sich eine zentrale Perspektive tief in die Erfahrung der Kirche eingeprägt hat. Gemeint ist „die vorrangige Option für die Armen", die aus der Praxis und der Erfahrung der christlichen Gemeinden Lateinamerikas geboren wurde. Sie war anfänglich in Medellín und ganz explizit in Puebla angesprochen und rezipiert worden. Diese Position gehört – wie allgemein bekannt – zum festen Bestandteil des universalen Lehramtes der Kirche, wofür zahlreiche Texte Papst Johannes Pauls II. und verschiedener Bischofskonferenzen in

Lateinamerika als Belege herangezogen werden können. Wenn etwas aus diesem Zeitabschnitt der lateinamerikanischen und allgemeinen Kirchengeschichte Bestand haben wird, dann ist es exakt diese Option als unmittelbare Verpflichtung und direkter Ausdruck einer stets neuen Liebe zu den Armen sowie als Dreh- und Angelpunkt einer neuen Evangelisation des Kontinents.

Eine ganze Reihe von ökonomischen, politischen und kirchlichen Entwicklungen und Ereignissen, auf Weltebene wie auch in nationalen und lateinamerikanischen Kontexten, fördern die Überzeugung, daß wir am Ende einer Etappe stehen, welche die Entstehung und erste Entwicklung der beschriebenen theologischen Reflexion umspannt. Diese vergangenen Jahre waren gewiß anregend und überaus kreativ, wenn auch oft voller Spannungen und Konflikte. Im Licht der neu entstandenen Lebensbedingungen (z. B. die Verschärfung der Armut oder die Undurchführbarkeit gewisser politischer Projekte) scheinen viele der früheren Diskussionen den aktuellen Herausforderungen nicht mehr zu entsprechen.

Alles deutet darauf hin, daß eine ganz neue Epoche beginnt. Immer deutlicher schält sich die Notwendigkeit eines Wettstreits aller um die bestmögliche Lösung der enormen Probleme Lateinamerikas heraus. Es gibt offenbar eine Restauration des sozialen Gefüges, in dem wir einmal einen Ansatzpunkt für die Verkündigung der Gottesherrschaft versucht hatten. Die neue Situation verlangt neue Methoden einer befreienden Praxis. Hier gilt es, aufmerksam zu sein und nicht zurückzugehen, weder auf den „Vertikalismus einer geistigen Verbindung mit Gott ohne Einbeziehung des Leiblichen noch auf einen einfachen existentiellen Personalismus einzelner oder kleiner Gruppen, und noch viel weniger auf einen Horizontalismus sozio-ökonomisch-politischer Art".[17] Beide Extreme (des Vertikalismus und des Horizontalismus; der Übers.) verstoßen jedes auf seine Art und gleichzeitig gegen die Transzendenz und die

Immanenz des Reiches Gottes, insofern sich diese beiden Dimensionen nicht voneinander trennen lassen.

Der Grundtenor, der die Texte von Santo Domingo durchzieht, ist ein Echo auf die Erfordernisse der gegenwärtigen Lage. Er ist ein energischer Aufruf zur Mitarbeit an einer *Neu-Evangelisierung* des Kontinentes. Eben die Sorge um die Neuevangelisation war immer präsent seit den Vorbereitungen auf Medellín. Aber dieses Programm erhielt neue Kraft mit dem energischen Aufruf Johannes Pauls II. in Haiti (1983), diesem ärmsten und vergessenen Land Lateinamerikas. Der CELAM (dem ständigen Rat der lateinamerikanischen Bischofskonferenzen) gegenüber sprach der Papst von der „Neu-Evangelisierung. Neu in ihrem Eifer, in ihren Methoden und ihrer Ausdrucksweise". Santo Domingo machte aus dieser Perspektive eines seiner zentralen Themen und eine seiner vorrangigen pastoralen Zielsetzungen. Die im Kontext Lateinamerikas erarbeitete Theologie findet hier ein fruchtbares Feld der Mitwirkung mit der kirchlichen Sendung zur Verkündigung des Evangeliums. Unter Ausnutzung der Erfolge und bei der Vermeidung der Fehler der vergangenen Jahre kann der theologische Diskurs behilflich sein, den Weg und die Sprache zu den Armen dieses Kontinentes zu finden, den ersten, „die das dringende Bedürfnis nach diesem Evangelium einer radikalen und ganzheitlichen Befreiung spüren". Dies zu leugnen, so fügt der Papst hinzu, wäre nichts anderes als die Armen zu täuschen und sie um das Evangelium zu enttäuschen.[18]

Santo Domingo hebt ein zweites Thema hervor, von dem her eine bedeutende pastorale Zielsetzung abgeleitet wird: *der menschliche Fortschritt*. Es handelt sich dabei keineswegs um einen fremden und marginalen Aspekt. Zahlreiche Texte des Lehramtes aus den letzten Jahren haben im Gegenteil mit allem Nachdruck darauf bestanden, daß der Einsatz für die Menschenwürde einen Bestandteil des Dienstes an der Evangelisierung bildet. Es ist die Menschenwürde, die in Frage gestellt wird durch „die wachsende Verarmung von Millionen unserer Brüder, der verheerendsten, erniedrigendsten Geißel, unter der Lateinamerika und die Karibik zu leiden haben, und die großenteils eine Konsequenz des hier immer noch dominanten Neoliberalismus darstellt".[19]

Die Problematik ist derart dramatisch, daß die Kirche gar nicht anders kann, als sich ihr zu stellen. Die biblisch inspirierten Reflexionen über die Armut wie auch die schönen Erfahrungen der Solidarität in der Vergangenheit sind hier von größtem Wert. Aber sie dürfen nicht darüber hinwegtäuschen, wie neu und heikel die gegenwärtige Situation sich darstellt. Die von Johannes Paul II. angestrengte Erneuerung der kirchlichen Soziallehre bietet nicht nur Maßstäbe für ein harmonisches soziales Zusammenleben der Menschen und für den Aufbau einer gerechten neuen Gesellschaft, die auf dem Respekt vor dem Leben und der Menschenwürde aufgebaut ist, sondern regt auch die theologische Arbeit an und führt in ein fruchtbares Feld der Erforschung des sozialen und historischen Ambientes von Lateinamerika. Diese Texte sollen uns erinnern, daß die Werte des Friedens, der Gerechtigkeit und Freiheit nicht lediglich Zielvorgaben einer Verpflichtung zu individuellem sozialen Handeln sind, sondern daß sie die Suche nach den geeigneten Methoden zur Gestaltung einer Gesellschaft inspirieren müssen, in der die Rechte aller respektiert werden.

Als drittes Element einer neuen Evangelisation ist die Inkulturation zu nennen. Ziel ist eben eine *inkulturierte Evangelisation.*

Inkulturation ist ein neuer Terminus, der aber nur eine alte Wirklichkeit bezeichnet, und die für den Christen einen Anklang an die Inkarnation hat. Das ewige Wort Gottes will sich in den Lebenswelten, den konkreten geschichtlichen Situationen und in unterschiedlichen Kulturen inkarnieren. Damit wird die Transzendenz des Wortes Gottes keineswegs in Frage gestellt (in dem Sinn, daß Gott der menschlichen

Aufnahme seines Wortes nicht souverän gegenüberstünde), sondern vielmehr bestätigt und konkretisiert. Diese neue Perspektive hat den Finger auf die Wunde eines Kontinentes von so erheblicher ethnischer und kultureller Diversität gelegt. Die Kulturen und Werte der indigenen und der schwarzen Bevölkerung in Lateinamerika stellen einen ungeheuren Reichtum dar, der von den Verantwortlichen der Verkündigung des Evangeliums respektiert werden will. Wir stehen hier vor einer immensen und drängenden Aufgabe, die noch kaum angegangen worden ist und eine spannende Herausforderung für die theologische Reflexion sein wird.

Wie gezeigt, gibt es drei vorrangige pastorale Leitlinien und Zielsetzungen und damit auch drei Felder der theologischen Reflexion. Alle diese Themen dienen der Verkündigung des „Evangeliums der Befreiung".[20] Diese Perspektiven aufzunehmen heißt nichts anderes als „die vorrangige Option für die Armen im Sinne des Evangeliums zu vertreten (...) und damit dem Beispiel und den Worten des Herrn Jesus zu folgen".[20] Christus ist in der Tat das letzte Fundament dieser Option und der genannten pastoralen Leitlinien. Er als der „Sohn des lebendigen Gottes" ist „der einzige Grund unseres Lebens und die Quelle unseres Auftrags".[22]

Deswegen fordert die vorrangige Option für die Armen uns nicht nur zur ernsthaften und verantwortungsbereiten Kenntnisnahme der Ursachen und Hintergründe des Elends und der Armut auf. Ihre Bedeutung beschränkt sich auch nicht auf die Anwendung wirksamer pastoraler Methoden und einer Vertiefung der theologischen Reflexion. Diese Option muß auch unsere Spiritualität zutiefst prägen, nämlich im Sinne der Nachfolge Jesu, der „Weg, Wahrheit und Leben" (Joh 14,6) ist. Sein Tod und seine Auferstehung geben dem geschichtlichen Kurs der Kirche und jedes einzelnen Christen ihre Prägung.

Theologe oder überhaupt Christ sein heißt: immer neu den Weg der Nachfolge Jesu gehen zu lernen. Wie Maria wird er „all das, was geschehen war, im Herzen bewahren und erwägen" (Lk 2,51), nämlich alle Taten und Worte, in denen Gott sich offenbart. Was auch immer der historische Kontext sein mag, in denen ein Christ zu leben hat, oder die Auseinandersetzung, in die er sich hineingezogen sieht, immer wird die Nachfolge Jesu bedeuten, ein Leben zu führen, das gespeist wird von der Erfüllung des Willens des Vaters, der im Himmel ist (vgl. Joh 4,34). Die kontemplative Dimension und die Praxis des Gebetes sind essentiell für das christliche Leben.

Mit eindringlichen und bewegenden Worten lädt uns Puebla ein, „im Leidensantlitz der Armen das Gesicht des leidenden Christus zu erkennen".[23] Santo Domingo erneuert die Empfehlung und schlägt uns eine Verlängerung der Liste dieser Leidensgesichter vor, die auf diesem gequälten Kontinent leben.[24] Diese Entdeckung Christi in den Armen und die Solidarität mit ihnen ist der privilegierte, d.h. der seiner historischen Herausforderung gerecht werdende Weg, auf dem uns der Heilige Geist zum Vater hinführt durch den Mittler Jesus Christus.

Befreiende Erfahrung: Impulse für die europäische Theologie

Von Gerhard Ludwig Müller

Nach meinem Urteil zählt die kirchliche und theologische Bewegung, die nach dem Zweiten Vatikanischen Konzil in Lateinamerika unter dem Namen „Befreiungstheologie" ein weltweites Echo gefunden hat, zu den bedeutsamsten Strömungen der katholischen Theologie im 20. Jahrhundert.

Wenn es zutrifft, daß das Konzil das entscheidende kirchengeschichtliche Ereignis in diesem Jahrhundert war, dann kann man die Geschichte der Theologie in zwei Phasen unterteilen, nämlich eine Vorbereitungsphase etwa seit dem Ende des Ersten Weltkriegs und eine Phase der Aufbereitung und Umsetzung nach dem Konzil ab 1965.

Für die Epoche seit 1920 sind all die *Erneuerungsbewegungen* in Erinnerung zu rufen, wie zum Beispiel die biblische/liturgische Bewegung, die großen Entwürfe der katholischen Sozaillehre und die Erneuerung des Kirchenverständnisses, die zum Konzil hinführten, es prägten und die in den konziliaren Dokumenten in die Gesamttradition der Kirche integriert wurden.

Dann sind zu nennen die verschiedenen Bewegungen, die vom Konzil inspiriert wurden, die die Impulse und Richtungsvorgaben des Konzils aufnehmen und auf die großen Herausforderungen der modernen Welt hin umsetzen wollten. Dabei kommt der Befreiungstheologie im Umkreis der beiden Konstitutionen „Lumen gentium" und „Gaudium et spes" wohl die größte Bedeutung zu.

Wenn wir verstehen wollen, welche Weichenstellung auf dem Konzil tatsächlich geschehen ist, dürfen wir nicht nur auf einige inhaltliche Aussagen hinschauen, wir müssen auch die neuen Kategorien in den Blick nehmen, die zur Darstellung von Ursprung und Sendung der Kirche in der Welt von heute herangezogen worden sind. Offenbarung wird verstanden nicht als Information über übernatürliche Sachverhalte, die wir aufgrund der Autorität Gottes gehorsam äußerlich annehmen, um dafür nach dem Tod mit einer jenseitigen Glückseligkeit belohnt zu werden. Offenbarung ist vielmehr Selbstmitteilung des dreifaltigen Gottes in der Inkarnation des Sohnes und der endzeitlichen Ausgießung des Heiligen Geistes, so daß Gott selbst als Wahrheit und Leben jedes Menschen und als inhaltliche Zielbestimmung der Menschheitsgeschichte erkannt und angenommen werden kann.

Demgemäß ist die Kirche nicht eine unter anderen Religionsgemeinschaften, die die Ideale ihrer Stifter mehr oder weniger rein in die Tat umsetzen und die sich an einem Ethos aufklärerischer Menschheitsbeglückung messen lassen, was im gegenwärtigen Religionspluralimus-Paradigma als „Soteriopraxis" angepriesen wird. Kirche ist vielmehr in Jesus Christus Zeichen und Werkzeug des universalen Heilswillens Gottes gegenüber allen Menschen Die Kirche als Communio der Glaubenden dient der Menschheit mit dem Wort Gottes, mit der sakramentalen Darbietung seines lebenschaffenden Heils und dem Erweis des Daseins-für-andere Christi in der Diakonia für die Armen, Hilflosen und die Menschen, die um Würde und Gerechtigkeit betrogen wurden.

Maßgebend im Konzil sind philosophisch-anthropologische Denkformen des Personalen, des Dialogischen und Kommunikativen. So wird der Adressat der Selbstmitteilung Gottes ganz ernstgenommen als Person und zwar als Person im Zusammenhang ihrer leiblich-materiellen Einbettung in den Raum der Geschichte, der Gesellschaft und Kultur. Ohne daß die Kirche, die als Gemeinschaft durch den Glauben an Christus ihre Identität hat und sich von anderen Glaubensrichtungen oder Religionen klar unterscheidet, einen totalitären Anspruch auf die Gesellschaft erhebt, ergibt sich doch, daß die Kirche und damit jede kirchliche Gemein-

schaft und jeder einzelne Christ aus dem Glauben heraus Verantwortung übernehmen muß für die menschliche Gesellschaft als ganze in den Bereichen der Arbeitswelt, der Internationalökonomie, der sozialen und individualen Gerechtigkeit, des Friedens in der Welt usw.
Nach dieser ersten, allgemein gehaltenen, aber durchaus wertenden Ortsbestimmung der Befreiungstheologie in der Theologiegeschichte des 20. Jahrhunderts gilt es, Impulse und Wechselwirkungen zwischen der lateinamerikanischen und europäischen Theologie herauszuarbeiten. Dazu möchte ich in einem ersten Schritt die bleibenden Ergebnisse der Befreiungstheologie herausstellen und dann im zweiten Schritt den Bezug auf den europäischen Kontext reflektieren. Über die Themenformulierung hinaus soll in einem dritten Schritt die klassische Gegenüberstellung des „Wir in Europa" und „die andern" in Lateinamerika überstiegen werden in eine universale Perspektive „*Wir* als Weltkirche" im „Dienst *für* die Welt".

1. Ein neues Verständnis der Theologie: theologische Reflexion im Dienst an Gottes befreiender Praxis

Dem Begriff nach geht „Theologie der Befreiung" auf den Titel eines Vortrages zurück, den Gustavo Gutiérrez 1968 im Norden Perus, in Chimbote, gehalten hat. Diese Formulierung dient auch als Titel seines Buches „Teología de la liberación" von 1971, mit dem die Befreiungstheologie weltweit bekannt geworden ist. In der 10., neubearbeiteten Auflage 1992 findet sich auch eine umfangreiche Einleitung. Darin klärt er bestimmte mißverständliche Begriffe, wie z. B. die vorrangige Option für die Armen, den Klassenkampf, die Dependenztheorie, die strukturelle oder soziale Sünde. Zugleich entkräftet er überzeugend die

Vorwürfe eines Horizontalismus und einer Immanentisierung des Christentums, das nie für das ideologische Programm eines vom Menschen geschaffenen angeblichen Paradieses auf Erden instrumentalisiert werden darf. Im Unterschied zur existential gewendeten Theologie europäischer Provenienz fragt die Befreiungstheologie aber nicht nur, was Gott, Gnade und Offenbarung für das Selbstverständnis der Christen in wohlsituierter und sozialversicherter Bürgerlichkeit beitragen. Die Befreiungstheologie versteht unter theologischer Arbeit die verändernde und damit praktische Teilnahme an dem von Gott eröffneten umfassenden Befreiungshandeln, wodurch das geschichtliche Handeln des Menschen zum Dienst an der Befreiung und Vermenschlichung des Menschen befähigt und berufen wird.

Es ist hervorzuheben, daß die Befreiungstheologie nicht ein theoretisches Konstrukt ist, das an einem Schreibtisch entstanden ist. Die Befreiungstheologie sieht sich in der Kontinuität mit der Gesamtentwicklung der katholischen Theologie im 20. und 21. Jahrhundert. Im Hinblick auf die neuen soziologischen Strukturen, die sich aus dem Umbruch zur modernen Industriegesellschaft, zur Globalisierung der Märkte und der internationalen Vernetzung aller Informationssysteme ergeben haben, ist hier auf die *Soziallehre der Päpste* zu verweisen, angefangen von der Enzyklika „Rerum novarum" Leos X. über die Enzyklika „Populorum progressio" Pauls VI. bis hin zu Johannes XXIII., der sagte, die Kirche habe auf Seiten der Armen zu stehen. Dazu kommen die umfänglichen Lehrschreiben und Aktivitäten von Papst Johannes Paul II.

Eine besondere Quelle für die Befreiungstheologie ist die Pastoralkonstitution des II. Vatikanums „Gaudium et spes" „über die Kirche in der Welt von heute". In der Kirchenkonstitution „Lumen gentium" schon hatte das Konzil die Kirche nicht als eine von der Welt abgeschiedene, sich selbst genügende Religionsgemeinschaft präsentiert, sondern als das

Sakrament des Heils der Welt. Indem Kirche als Zeichen und Werkzeug für die Einheit Gottes mit den Menschen und der Menschen untereinander wirkt, erscheint sie als Dienerin des Heils, das Gott historisch einmalig und endgültig in Jesus Christus konstituiert hat und das er im Heiligen Geist zum fortdauernden Prinzip der Menschheitsgeschichte und des Aufbaus einer menschenwürdigen Gesellschaft gemacht hat. So haben sich die großen lateinamerikanischen Bischofsversammlungen von Medellín (1968), Puebla (1979) und Santo Domingo (1992) verstanden als eine Umsetzung und Konkretisierung der Gesamtentwicklung der katholischen Theologie im 20. Jahrhundert in den sozialen, kulturellen und geistigen Kontext des lateinamerikanischen Subkontinentes. Wesentlich hierfür ist auch das ganz Lateinamerika erfassende, neue Kirchenverständnis des II. Vatikanums. Die noch in die Kolonialzeit zurückreichende und bis heute nachwirkende Spaltung der Kirche in einen kleinen Kreis von Verantwortlichen, von Bischöfen, Priestern und Ordensleuten, die der weißen Bevölkerungsschicht angehören bzw. als ausländische Missionare gekommen sind, auf der einen Seite und einer passiven, mit religiösem Ritenangebot nur betreuten, unmündig gehaltenen Bevölkerung aus den sogenannten Indios der Urbevölkerung, den Nachkommen der schwarzen Sklaven und der Mestizen auf der anderen Seite, ist mit dem Kirchenverständnis des Konzils gänzlich unvereinbar.

Gemäß der biblischen Vorgabe und der eigentlich theologischen Tradition der Ekklesiologie verstehen sich alle Laien, Männer und Frauen, wie auch ausländischen und – in zunehmender Zahl und Bedeutung auftretenden – einheimischen Priester, Katecheten und Ordensschwestern als Träger der Gesamtsendung der Kirche. Die abertausend Basisgemeinden sind ein lebendiger Beweis für eine unmittelbare Identifikation des Volkes mit der Kirche. Kirche ist nicht mehr Kirche nur für das Volk oder auch nur Kirche des Volkes, sondern Kirche ist Gottes Volk in den Völkern aus den Völkern der Erde, und sie ist so das Gottesvolk für die Welt.

Die Armen und Deklassierten begreifen sich aufgrund einer tiefen inneren Begegnung mit dem Evangelium in ihrer Würde als Personen vor Gott, indem sie aktiv das Leben der kirchlichen Gemeinschaft mittragen und so die Sendung der Kirche als Sakrament des Heils der Welt erfüllen. Damit entsteht auch ein neues Verständnis von Theologie. Der berufsmäßige Theologe tritt nicht als Religionsexperte den Gläubigen oder Nichfachleuten gegenüber. Er versteht sich wie alle Jünger als Hörender und Lernender vor dem einen Lehrer und Wort Gottes, nämlich Christus. So tritt er ein in den Erfahrungszusammenhang des Glaubens und der lebendigen Religiosität des Volkes, d. h. der Gemeinschaft derer, die sich zu Jesus dem Christus bekennen und den Weg seiner Nachfolge im Dasein – für andere – wagen. Er nimmt teil an seinen Leiden und Hoffnungen. So ist Befreiungstheologie im besten Sinne des Wortes aus der Gemeinde erwachsene, kontextuelle Theologie. So wird auch die Kluft zwischen einer gelehrten Universitätstheologie und einer gläubigen Reflexion der konkreten Erfahrungen der Gemeinden überwunden.

In seinem Buch „Gott oder das Gold" (Freiburg 1990) zeigt Gutiérrez an einem Beispiel den Weg von einer bloß reflektierenden zur einer aus der Nachfolge Christi erwachsenden und auf diese Weise auch der Befreiung dienenden Theologie. Es handelt sich um den befreienden Weg des berühmten Dominikanerpaters und späteren Bischofs Bartolomé de las Casas, der zu Beginn der spanischen Kolonialzeit neben vielen anderen Theologen aus dem Dominikaner- und Jesuitenorden als Vorkämpfer der Menschenrechte und der Menschenwürde der Indios aufgetreten war. Es ist übrigens viel zu wenig bekannt, daß es vor allem spanische Theologen, u. a. Franz von Vitoria in Salamanca, waren, die mit ihrer Kritik an der Entmündigung der lateinamerikanischen Urbevölkerung schon zweihundert Jahre vor der Aufklärung die Themen Menschenrechte und Völkerrecht auf den Weg gebracht haben.

Theologie der Befreiung beruft sich nicht auf eine neue Offenbarung. Sie will nur eine neue Art sein, die Mitwirkung der Christen an der weltverändernden Praxis Gottes herauszustellen. So kommt Gutiérrez gleichsam zu einer definitorischen Umschreibung: „Theologie als kritische Reflexion auf die historische Praxis ist also eine befreiende Theologie, eine Theologie der befreienden Veränderung von Geschichte und Menschheit und deshalb auch die Umgestaltung jenes Teils der Menschheit, der – als ecclesia vereint – sich offen zu Christus bekennt. Theologie beschränkt sich dann nicht mehr darauf, die Welt gedanklich zu ergründen, sondern versucht, sich als ein Moment in dem Prozeß zu verstehen, mittels dessen die Welt verändert wird, weil sie – im Protest gegen die mit Füßen getretene menschliche Würde, im Kampf gegen die Ausbeutung der weitaus größten Mehrheit der Menschen, in der Liebe, die befreit, und bei der Schaffung einer neuen und gerechten geschwisterlichen Gesellschaft – sich der Gabe des Reiches Gottes öffnet".[1] Zu betonen ist, daß Erlösung und Befreiung Synonyme sind für die umfassende und ganzheitliche Konfrontation des Menschen mit Gott, der sich in Jesus Christus auf den leidenden und heilsbedüftigen Menschen eingelassen hat. Gutiérrez unterscheidet bei Befreiung bzw. Sünde *drei* Dimensionen: Sünde ist im innersten Bruch der Freundschaft mit Gott und den Mitmenschen und darum die Wurzel aller inneren und äußeren Versklavung des Menschen. Dies zeigt sich in einem zweiten Aspekt: daß wir uns aus der inneren Sklaverei an die Mächte einer rücksichtslosen Profitgier lösen müssen, indem wir auf einer dritten Ebene die Unterdrückung, Marginalisierung und Ausbeutung und die sich darin manifestierenden mörderischen ökonomischen und sozialen Mißstände – das ist die soziale und strukturelle Sünde als Manifestation der personalen Sünde – im Sinne der Nachfolge Christi zu überwinden versuchen.

Zu differenzieren sind in diesem Zusammenhang auch die Begriffe *Armut* und *Hunger.* Biblisch gesehen bedeutet Armut einmal das den Menschen entwürdigende Elend, dann die Bezeichnung der allgemeinen Erlösungsbedürftigkeit der Menschen, denen das Evangelium verkündet wird, und dann Armut als spirituelle Offenheit und Verfügbarkeit für den Dienst am Reich Gottes. Armut als Rat des Evangeliums bedeutet keineswegs, daß sich ein Christ freiwillig in eine menschenunwürdige Situation hineinbegibt. Wer als Ordenschrist die Armut gelobt, verzichtet auf persönliches Eigentum, um mit Beten und Arbeiten sich ganz in die Sendung der religiösen Gemeinschaft zu stellen, bspw. in den Dienst an den Kranken oder verelendeten Menschen oder in den Dienst an Ausbildung und Bildung in Schule und Universität. In diesem Sinn ist auch die berühmt gewordene Formulierung von Papst Johannes Paul II. zu verstehen, der in einem Brief an die brasilianischen Bischöfe die Notwendigkeit der Theologie der Befreiung hervorhob. Er ließ sich von ihr inspirieren, als er in Villa El Salvador, einem Armenviertel von Lima, vor Millionen von Menschen ausrief: „Der Hunger nach Brot muß verschwinden, der Hunger nach Gott wird bleiben".

Die Befreiungstheologie ist nicht eine religiös drapierte Soziologie oder eine Art Soziotheologie. Befreiungstheologie ist Theologie im strengen Sinn.

Grundlage ist der Glaube, daß Gott den Menschen als sein Bild geschaffen hat und daß Gott in seinem Sohn Jesus Christus für den Menschen sich engagiert hat bis dahin, daß Jesus den Tod angenommen hat, zu dem ihn seine Widersacher verurteilt haben. Das Ziel ist, in allen Dimensionen des menschlichen Lebens Gott als den Gott des Lebens und Überwinder des Todes erkennbar zu machen. Befreiungstheologie überwindet alle Dualismen, die Gott in ein Jenseits und das Heil in eine Innerlichkeit verbannen wollen. Der Mensch steht in der inneren Spannung des Angesprochenseins von Gott in Schöpfung, Heilsgeschichte und der erwarteten Vollendung über die Grenzen des individuellen Todes und des allgemeinen Endes der Geschichte hinaus. Christlicher Glaube bedeutet, verstehend und handelnd an dem Veränderungsprozeß der Geschichte teilzunehmen, den Gott im Heilshandeln Jesu Christi endgültig als Bewegung auf ihn hin eröffnet hat. Keineswegs ist hier von einem Primat der Orthopraxis vor der Orthodoxie die Rede. Wenn vom Primat der Praxis gesprochen wird, ist nichts weniger als eine Reduktion des Christentums auf Ethik gemeint. Es handelt sich um eine Teilnahme an der Praxis Gottes in der Liebe, die nur im Glauben an das Wort der Selbstoffenbarung Gottes erkennt werden kann.

Somit ergibt sich für die Theologie ein methodischer Dreischritt:
Erstens: Im Glauben nehmen Christen in der Nachfolge Jesu aktiv teil an Gottes Praxis der Befreiung des Menschen zu seiner persönlichen Würde und zu seinem Heil. Bei der Gesellschaftsanalyse greift die Befreiungstheologie auch auf die Methoden der Human- und Sozialwissenschaften zurück. Somit unterscheidet sie sich von der klassischen Theologie, indem sie nicht allein die Philosophie zum Gesprächspartner hat. Hier haben die kritischen Anfragen der Glaubenskongregation (Libertatis nuntius, 1984) ihre Berechtigung, insofern eine differenziertere Beurteilung von sozialwissenschaftlichen Ergebnissen und der oft damit verbundenen ideologischen Verengungen angemahnt wurde. Die empirischen Anthropologien müssen im Licht einer philosophischen und theologischen Anthropologie geklärt und somit für die theologische Fragestellung fruchtbar gemacht werden. Bekanntlich ist in der zweiten Erklärung der Glaubenskongregation (Libertatis conscientia, 1986) die Befreiungstheologie in einem umfassenden Sinne gewürdigt worden. Daß es der Theologie nicht allein um eine

glaubensimmanente Auslegung von christlichen Texten und Vollzügen geht, sondern daß die Theologie nur im Dialog mit der Philosophie und den Human- und Sozialwissenschaften ihren Dienst an der Wahrheit des Menschen im Horizont seiner Verwiesenheit auf Gott erfüllen kann, hat jüngst die Enzyklika „Fides et ratio" mit allem Nachdruck herausgestellt.

Als *zweiter* methodischer Schritt ergibt sich nun die kritische und rationale Reflexion der Gesellschaftsanalyse, der nationalen und internationalen Ursachen wie auch der historischen und strukturellen Dimensionen des Massenelendes im Lichte des Evangeliums und nach Maßgabe der Offenbarung.

Schließlich muß es im *dritten* Schritt um eine kritisch reflektierte aktive Veränderung der empirischen Wirklichkeit gehen. Denn das Ziel ist die Herrschaft Gottes auf Erden, wie Jesus sie verkündigt hat. Die Gottesherrschaft ist dabei zu verstehen als ein dynamisches Prinzip, das die konkrete Situation der Menschen, die unter der Entfremdung von Gott leiden, zur Triebfeder der individuellen und sozialen Gestaltung des menschlichen Lebens wird. Daraus erfolgt die vorrangige Option für die Armen und für die Menschen, die ihrer Menschenwürde beraubt sind. Die Option der Armen schließt nicht die Reichen aus. Denn auch sie sind Ziel des Befreiungshandelns Gottes, indem sie von der Angst befreit werden, in der sie meinen, das Leben nur auf Kosten anderer an sich reißen zu müssen. Das Befreiungshandeln Gottes gegenüber Armen und Reichen zielt auf eine Subjektwerdung des Menschen und damit auf seine Freiheit gegenüber jeder Form von Unterdrückung und Abhängigkeit.

Daß die Erlösung als befreiendes Handeln zu verstehen ist, zeigt sich schon im Alten Testament in der Exoduserfahrung. Gott verweist die versklavten Israeliten nicht auf ein besseres Jenseits, sondern er führt sie hinein in das Land der Verheißung, das ein Land der Freiheit ist. Das Befreiungshandeln

Gottes kulminiert im Christusereignis. Jesus verkündete die Herrschaft Gottes als Evangelium für die Armen, die Ausgestoßenen, die Kranken. Jesus hat das Befreiungshandeln Gottes auch noch gegenüber dem Widerstand der Sünder bewiesen, indem er die Liebe Gottes bis in seinen eigenen Tod hinein als Grund menschlicher Existenz im Leben und im Sterben bewiesen hat. Durch Kreuz und Tod Jesu hat Gott die Welt als das Feld der sich durchsetzenden neuen Schöpfung qualifiziert. Das Kreuz ist darum die Offenbarung der Option Gottes für die Leidenden, die Entrechteten, die Gefolterten und Gemordeten. In der Auferweckung Jesu von den Toten hat Gott ursprünglich und exemplarisch für alle gezeigt, was Leben eigentlich ist, und wie Freiheit sich umsetzen kann in ein Daseinkönnen für die anderen und in einen Kampf um menschenwürdige Daseinsbedingungen.

Man kann mit Gustavo Gutiérrez die Theologie der Befreiung in ihrem wesentlichen Ertrag so charakterisieren: „Die Theologie der Befreiung wird zu einer Fehlanzeige, wenn es ihr nicht gelingt, die Aktion der christlichen Gemeinde in der Welt zu dynamisieren und das Engagement für die Liebe voller und radikaler werden zu lassen, d. h. konkret: Wenn sie es nicht fertigbringt, daß die Kirche in Lateinamerika sich entschieden und ohne großes Wenn und Aber auf die Seite der ausgebeuteten Klasse und unterdrückten Völker stellt (...) Wir werden uns davor hüten müssen, einer intellektuellen Selbstgefälligkeit und einem Art von Triumphalismus zu erliegen, der in gebildeten und avancierten ‚neuen' Interpretationen des Christentums besteht. Das einzig Neue liegt darin, Tag für Tag das Geschenk des Geistes anzunehmen, der uns in unseren Entscheidungen für eine wirkliche Geschwisterlichkeit unter den Menschen und in unseren geschichtlichen Initiativen zur Umstürzung einer ungerechten Ordnung die Möglichkeit schenkt, mit der vollen Hingabe zu lieben, mit der Christus uns geliebt hat. Als Paraphrase eines bekannten Textes von Pascal könnten wir sagen: Alle politischen Theologien, alle Theologie der Hoffnung, der Revolution und der Befreiung, gelten nicht so viel wie eine echte Initiative im Sinne der Solidarität mit den ausgebeuteten Klassen der Gesellschaft. Sie wiegen einen ernsthaften Akt des Glaubens, der Liebe und der Hoffnung nicht auf, wenn dieser sich – wie auch immer – in die Pflicht der aktiven Mitarbeit an dem Werk genommen weiß, das den Menschen von allem befreit, was ihn entmenschlicht und daran hindert, nach dem Willen des Vaters zu leben".[2]

2. Die Befreiungstheologie im Spannungsfeld Lateinamerika-Europa

Die Befreiungstheologie hatte in den siebziger und achtziger Jahren in Europa eine große Resonanz hervorgerufen. Das Interesse vor allem bei jungen Christen für Lateinamerika stieg enorm. Im Kontext des Bewußtseinswandels der Studentenrevolution mit der Kritik an der bürgerlich-kapitalistischen Wohlfahrtsmentalität wurde die Befreiungstheologie rezipiert als Verstärkung einer politischen Theologie. Einer auf den Privatraum reduzierten frommen Innerlichkeit wurde der prophetische Dienst der Kirche an der Gesellschaft und damit der verändernden Kraft des Evangeliums gegenüber Strukturen der Abhängigkeit, der Ausbeutung und des Machtmißbrauchs entgegengestellt. Die Gegner der Gesellschaftsveränderung dagegen sprachen von der Gefahr einer Immanentisierung des Glaubens und einer Vermischung theologischer Positionen mit neomarxistischer Gesellschaftsanalyse.

Nach dem Fall der Berliner Mauer und dem Zusammenbruch des kommunistisch beherrschten Ostblocks schien es vielen Beobachtern nur eine Frage der Zeit zu sein, bis Lateinamerika seinen Widerstand und in der Befreiungstheologie zur Sprache kommenden Protest gegen die schon Jahrhunderte währende Ausbeutung und Deklassierung – zuerst durch die Kolonialmächte und dann durch die nordamerikanisch-europäischen Wirtschaftszentren – würde aufgeben müssen. Die „naturgegebene" Rollenverteilung zwischen reichen und armen Ländern schien sich wieder einzupendeln. Es kann doch – so hörte man – nur der Virus des Marxismus dafür verantwortlich sein, wenn sich die Menschen urplötzlich gegen ihre Ausnutzung als billige Arbeitskräfte und den Abtransport der Rohstoffe ihres Landes zu einem Spottpreis zur Wehr setzen; wenn sie nicht mehr verzichten wollen auf eine medizinische Grundversorgung, eine an Recht und Gesetz orientierte staatliche Verwaltung, auf Schulbildung und eine Wohnung unter menschenwürdigen Umständen.

In das Triumphgefühl eines vermeintlich siegreichen Kapitalismus mischte sich auch die Schadenfreude, daß der Theologie der Befreiung nun auch der Boden entzogen sei. Man glaubte leichtes Spiel mit ihr zu haben, indem man sie mit revolutionärer Gewalt und dem Terrorismus marxistischer Gruppen in Verbindung brachte.

In dem berüchtigten Geheimdokument für Präsident Reagan forderte im Jahr 1980 das Komitee von Santa Fé die US-amerikanische Regierung auf, gegen die *Theologie der Befreiung* und die von ihr geprägte katholische Kirche Lateinamerikas offensiv vorzugehen: „Die Rolle der Kirche in Lateinamerika ist von vitaler Bedeutung für die Konzeption der politischen Freiheit. Leider haben die marxistisch-leninistischen Kräfte die Kirche als politische Waffe gegen das Privateigentum und das System der kapitalistischen Produktionsweise gebraucht, indem sie die Religionsgemeinschaft mit Ideen infiltrierten, die weniger christlich als vielmehr kommunistisch sind."[3] Bestürzend ist an diesem Dokument die Unverfrorenheit, mit der die für dieses Dokument verantwortlichen Vertreter brutaler Militärdiktaturen und Machtoligarchien ihr Interesse an Privateigentum und kapitalistischer Produk-

tionsweise zum Kriterium dessen machen, was als christlich zu gelten hat.
Für den europäischen Leser muß verdeutlicht werden, daß Privateigentum hier nicht das sauer verdiente kleine Vermögen meint, sondern den Besitz gigantischer Ländereien oder z. B. von Kupfer- und Silberminen, dem Millionen von besitz- und rechtlosen Kleinbauern und Arbeitern gegenüberstehen. Auf diesem Hintergrund ist auch die politisch und finanziell geförderte Aktivität fundamentalistischer Sekten zu sehen. Der Kampf der Befreiungstheologie um eine ganzheitliche Sicht von Gnade und Erlösung soll abgewehrt werden, indem man die Rolle der Religion auf Jenseitsvertröstung und innerliche Erbauung festlegt und sie damit als Stabilisierungsfaktor einer sozial ungerechten Gesellschaft mißbraucht.
Einen Ausbund an Menschenverachtung bildet bspw. auch der Vorstoß bestimmter Institutionen aus Nordamerika, Lebensmittel und Hilfslieferungen für Peru von einer drastischen Senkung der Geburtenrate abhängig zu machen. Diese Bedingung wurde von der peruanischen Regierung erfüllt, indem unter dem Vorwand von Gesundheitsuntersuchungen Männer und Frauen gegen ihr Wissen und ihren Willen mit empfängsverhütenden Mitteln injiziert oder überhaupt sterilisiert wurden. Die Devise scheint hier zu lauten: Bekämpfung der Armut durch Dezimierung der Armen. Indem man unterstellt, daß die hohe Geburtenzahl die Ursache des Elends sei, lenkt man von den wahren Ursachen ab. In Peru, das fünfmal größer ist als Deutschland und fünfmal weniger Bewohner hat, kann von Überbevölkerung wohl kaum die Rede sein. Wer aus eigener Anschauung die millionenfache Entwürdigung der Menschen, ihre Versklavung und Ausbeutung kennt, wird sich von der viel gerühmten Effizienz und Überlegenheit des Kapitalismus kaum mehr überzeugen lassen.
Um Mißverständnisse zu vermeiden, ist eine Klärung der Vokabel „Kapitalismus" unerläßlich. Im lateinamerikani-

schen Kontext steht das Wort Kapitalismus für das zum alleinigen Prinzip menschlichen Handelns erhobene schrankenlose Streben nach persönlichem Reichtum. Diese Art von Kapitalismus hat gar nichts zu tun mit einem freien Unternehmertum, in dem Menschen ihre Arbeit und Fähigkeiten einbringen in das Funktionieren einer sozialen Marktwirtschaft im Kontext eines demokratisch aufgebauten Rechtsstaates.
Angesichts des Versagens des rein kapitalistischen Systems und der ihm zugehörigen menschenverachtenden Mentalität bleibt die Befreiungstheologie von einer unmittelbaren Aktualität. Was die Befreiungstheologie grundsätzlich vom Marxismus und Kapitalismus unterscheidet, ist gerade das, was diese beiden Systeme in all ihrer Gegensätzlichkeit innerlich miteinander verbindet: nämlich ein Menschenbild und eine Gesellschaftsauffassung, wo Gott, Jesus Christus und das Evangelium keine Rolle für die Humanisierung des Menschen in individueller und sozialer Hinsicht spielen dürfen. Der Kommunismus mußte scheitern, weil ihm eine defiziente Anthropologie zugrunde lag. Er hat weder den Menschen zu ideal eingeschätzt noch den angeborenen Egoismus der Menschen übersehen. Aber er hat die Verwiesenheit des Menschen auf Gott übersehen und damit die Realität von Sünde und Gnade, von Vergebung und einem möglichen Leben aus der geschenkten Gerechtigkeit Gottes unterschlagen. Aber auch der schrankenlose Kapitalismus ist gescheitert, weil ihm die gleich defiziente Anthropologie zugrunde liegt in der Meinung, man könne den Menschen ohne Gott definieren und eine Gesellschaft ohne den Rekurs auf Gottes Wort und Gnade aufbauen. Wenn man unter Kapitalismus nicht eine von Gerechtigkeit und Menschenwürde bestimmte Marktwirtschaft, sondern eine bestimmte Anthropologie des Rechts des Stärkeren versteht, dann muß man den Satz, daß Demokratie nur unter den Voraussetzungen des Kapitalismus funktioniere, prinzipiell bestreiten. Demokratie im modernen Sinn be-

ruht nicht auf Mehrheitsentscheidungen oder der rücksichtslosen Wahrnehmung von Individualrechten. Demokratie wurzelt in einem Akt der Anerkennung der Menschenrechte, die jeder staatlichen oder ökonomischen Manipulation entzogen sind; somit hat die moderne Demokratie ihre Wurzel und die Garantie ihres Bestandes in einem Akt des Glaubens an die Existenz einer höheren Macht, vor der sich der Mensch in seinem Verhalten gegenüber dem Mitmenschen verantworten muß. Darum ist Befreiungstheologie eine ur-demokratische Angelegenheit und Anwältin der Bedrohung der Menschenrechte gegenüber totalitär-marxistischen oder neoliberal-altkapitalistischen Ideologien, die Lateinamerika und Europa bedrohen.

Die Befreiungstheologie wird nicht tot sein, solange sich Menschen von dem befreienden Handeln Gottes anstiften lassen und die Solidarität mit den leidenden Mitmenschen, deren Würde in den Dreck gezogen wird, zum Maß ihres Glaubens und zur Triebfeder ihres gesellschaftlichen Handelns machen. Befreiungstheologie bedeutet kurz gesagt, an Gott als einen Gott des Lebens und Garant eines ganzheitlich verstandenen Heils des Menschen zu glauben und den Göttern Widerstand zu leisten, die vorzeitigen Tod, Armut, Verelendung und Entwürdigung des Menschen bedeuten.

Gutiérrez weist oft das Mißverständnis der Befreiungstheologie bei ihren Sympathisanten und Gegnern zurück, daß hier Theologen am Werke seien, die sich besonders für die soziale und politische Dimension des menschlichen Lebens interessieren und dabei ein wenig auf den ihnen fremden Gebieten der Ökonomie, Politik und Soziologie dilettieren, während sie das eigentliche Thema der Theologie, nämlich den Grundbezug des Menschen zu Gott, aus dem Auge verlieren. Wer den Ansatz der Befreiungstheologie dagegen ernst nimmt, kann über den strikt theozentrischen und christozentrischen Ansatz ebensowenig verwundert sein

wie über die Einbindung in die lebendige Gemeinschaft der Kirche.
Ähnlich wie Dietrich Bonhoeffer im europäischen Kontext der Säkularisierung den Nichtglaubenden als den eigentlichen Gesprächspartner der christlichen Theologie entdeckt hatte, indem er fragte: „Wie kann man in einer mündig gewordenen Welt *von Gott sprechen?*", so fragt Gustavo Gutiérrez im Blick auf die in ihrer Mehrheit gläubigen Gesprächspartner in Lateinamerika: „Wie kann man *von Gott sprechen* angesichts des Leidens, des vorzeitigen Todes und der in ihrer Personwürde verletzten Armen von Lateinamerika?"
Der Versuch einer inneren Vermittlung der Rede von Gott und der konkreten Parteinahme für den Menschen, der umfassend von Gott her das Heil erwartet, haben schon Autoren wie Maurice Blondel, Henri de Lubac, Juan Alfaro und Karl Rahner unternommen, die für die Entstehungsgeschichte der Befreiungstheologie nicht unwichtig waren. Gemeint ist die damals hochaktuelle Diskussion um das Verhältnis von Natur und Gnade, das für die gesamte neue Verhältnisbestimmung des Christentums zum säkularen und autonomen Menschenbild der europäischen Aufklärung und Moderne ausschlaggebend ist. Die Frage heißt hier kurz gesagt: Gibt es zwei parallele Ordnungen, eine säkular-autonome Zielbestimmung des Menschen und eine übernatürliche Offenbarung, so daß sich der Mensch in zwei völlig unabhängig voneinander existierenden Gedanken- und Lebenskreisen bewegt? Oder ist der Mensch nicht in seiner inneren personalen Einheit und Mitte von Gott angesprochen und zu einer religiösen und ethischen Gestaltung seiner individuellen und sozialen Existenz aufgerufen?
Im Ansatz einer theologischen Konzeption, die Offenbarung als Synthese der Befreiung des Menschen durch Gott und als Mitwirkung der Menschen am befreienden und erlösenden Handeln Gottes versteht, bilden Schöpfung und Erlösung, Glaube und Weltgestaltung, Transzendenzbezug und Imma-

nenz-Orientierung, Geschichte und Eschatologie, spiritueller Bezug zu Christus und Identifikation mit ihm in einem Leben der Nachfolge eine untrennbare Beziehungseinheit. Die Befreiungstheologie führt damit über das starre Schema eines Diesseits-Jenseits-Dualismus, in dem die Religion reduziert wird auf mystisches Erlebnis des Einzelmenschen, hinaus. Religiösität hätte dort nur die Funktion zu einer Individualmoral oder zu einer Sozialethik zu motivieren.

Als eine zentrale Perspektive hat sich tief in die Erfahrung der Kirche eingeprägt die „vorrangige Option für die Armen", die aus der Praxis und der Erfahrung der christlichen Gemeinden Lateinamerikas geboren wurde. Der Dienst an der befreienden Praxis vollzieht sich im Horizont eines theozentrischen Menschenbildes und einer auf den Menschen hin ausgerichteten Parteinahme Gottes für den erlösungsbedürftigen Menschen.

„Alles deutet darauf hin, daß eine ganz neue Epoche beginnt. Immer deutlicher schält sich die Notwendigkeit eines Wettstreits aller um die bestmögliche Lösung der enormen Probleme Lateinamerikas heraus. Es gibt offenbar eine Restauration des sozialen Gefüges, in dem wir einmal einen Ansatzpunkt für die Verkündigung der Gottesherrschaft versucht hatten. Die neue Situation verlangt neue Methoden einer befreienden Praxis. Hier gilt es, aufmerksam zu sein und nicht zurückzugehen, weder auf den ‚Vertikalismus einer geistigen Verbindung mit Gott ohne Einbeziehung des Leiblichen noch auf einen einfachen existentiellen Personalismus einzelner oder kleiner Gruppen, und noch viel weniger auf einen Horizontalismus sozio-ökonomisch-politischer Art'.

Beide Extreme (des Vertikalismus und des Horizontalismus) verstoßen jede auf ihre Art und gleichzeitig gegen die Transzendenz und die Immanenz des Reiches Gottes, insofern sich diese beiden Dimensionen nicht voneinander trennen lassen."[4]

3. Ein neues Wir-Gefühl von Kirche und der Dienst am Heil der anderen

In der Zeit zwischen dem 16. und 20. Jahrhundert war das Verhältnis zwischen Lateinamerika und Europa durch die Begegnung bzw. den Zusammenprall von religiösen Kulturen geprägt. Heute ist in Europa nach dem Durchgang durch Aufklärung, Religionskritik und Säkularisierung das Bewußtsein des größten Teils der Menschen dieser europäischen Gesellschaften die Gleichung christliche Kultur und christlicher Glaube hinfällig geworden. Aber auch Lateinamerika stellt keine Einheitskultur mehr dar. Im Zeitalter der wirtschaftlichen Vernetzung, globaler Marktstrategien, aber auch konkurrierender religiöser und ideologischer Sinnsysteme in der pluralistischen Weltgesellschaft hat eine Gegenüberstellung eines europäischen oder lateinamerikanischen Kollektivsubjekts kaum noch einen Sinn. Welches „Wir" ist gemeint, wenn einer sagt „Wir in Europa"?
Nachdem die Kirche spätestens seit dem II. Vatikanum ihre Katholizität auch in greifbare Realität umgesetzt hat und die Kirche ihre Sendung als Sakrament des Heils der Welt neu definiert hat, kann das „Wir" nicht mehr regional oder kulturell bestimmt werden. Man kann es in verschiedenen Teilen der Welt erleben, daß Christen ihre christliche Identität unmittelbar über ihre Zugehörigkeit zu Christus und nicht etwa auf dem Umweg über die christlich geprägte Kultur Europas definieren. Der europäische Christ sieht in einer Bindung an die – freilich sehr differenziert zu beurteilende – „christlich-abendländische Kultur" keineswegs seine Wurzeln benannt, wenn er nicht aus dem Akt des Glaubens an Christus sich definiert und in dieser personalen Bindung an Christus das Wir der Kirche aus und in den vielen Völkern der Erde entdeckt und als das für seinen Glauben mitkonstitutive Wir der Kirche akzeptiert.

Nachdem wir die Etappen des Kolonialismus mit religiöser Überlegenheitsgestik und kapitalistischer Ausbeutung hinter uns haben, aber auch die Selbstbezichtigung des Eurozentrismus, Paternalismus und Assistentialismus nicht als die Endstation des Verhältnisses Europa-Lateinamerika annehmen können, muß für das 21. Jahrhundert ein ganz neuer Weg versucht werden. Die Einseitigkeit wäre nicht schon dann überwunden, wenn wir nur von einem wechselseitigen Geben und Nehmen, Lehren und Lernen sprechen würden. Anzuzielen wäre die Erkenntnis, daß die an Christus Glaubenden in aller Welt das eine Wir seiner Kirche bilden, und daß aus dieser Perspektive des Glaubens die Weltkirche in der Gemeinschaft der Ortskirchen wechselseitig realisiert wird. Von dieser theologisch definierten Einheit aller Glaubenden innerhalb der Communio der Ortskirchen kann die Kirche auf die großen Herausforderungen der modernen Welt eingehen und ihren spezifischen Beitrag leisten für eine Gestaltung der Weltgesellschaft auf der Basis der individuellen und sozialen Menschenrechte.

Die neue Verhältnisbestimmung der Kirche zur Welt wurde in „Gaudium et spes" im Artikel 1 kaum überbietbar deutlich zum Ausdruck gebracht:

„Freude und Hoffnung, Trauer und Angst der Menschen von heute, besonders der Armen und Bedrängten aller Art, sind auch Freude und Hoffnung, Trauer und Angst der Jünger Christi. Und es gibt nichts wahrhaft Menschliches, das nicht in ihren Herzen seinen Widerhall fände. Ist doch ihre eigene Gemeinschaft aus Menschen gebildet, die, in Christus geeint, vom Heiligen Geist auf ihrer Pilgerschaft zum Reich des Vaters geleitet werden und eine Heilsbotschaft empfangen haben, die allen auszurichten ist. Darum erfährt diese Gemeinschaft sich mit der Menschheit und ihrer Geschichte wirklich engstens verbunden."

In dieses neue Wir der weltweit einen Kirche im Bezug zur einen Menschheit in ihrer Suche nach einem die Endlichkeit übersteigenden Sinn des Daseins in Gott und zugleich in der

Verantwortung für das irdische Leben kann die Befreiungstheologie wesentliche Impulse einbringen.
Mit Gustavo Gutiérrez kann man den bleibenden Ertrag der Befreiungstheologie gerade auch in den Elementen, die wir – als die Kirche – für die Welt lernen können, wie folgt zusammenfassen. Im Blick auf Santo Domingo arbeitet Gutierrez drei dieser auch für uns in Europa dringliche Themen heraus: die neue Evangelisation, den menschlichen Fortschritt und die Inkulturation des Evangeliums.
Um es mit Gutiérrez' eigenen Worten zu sagen: „Der Grundtenor, der die Texte von Santo Domingo durchzieht, ist ein Echo auf die Erfordernisse der gegenwärtigen Lage, er ist ein energischer Aufruf zur Mitarbeit an einer *Neu-Evangelisierung* des Kontinentes. Eben die Sorge um die Neuevangelisation war immer präsent seit den Vorbereitungen auf Medellín. Aber dieses Programm erhielt neue Kraft mit dem energischen Aufruf Johannes Pauls II. in Haiti (1983), diesem ärmsten und vergessenen Land Lateinamerikas. Der CELAM (dem ständigen Rat der lateinamerikanischen Bischofskonferenzen) gegenüber sprach der Papst von der ‚Neu-Evangelisierung. Neu in ihrem Eifer, in ihren Methoden und ihrer Ausdrucksweise'. Santo Domingo machte aus dieser Perspektive eines seiner zentralen Themen und eine seiner vorrangigen pastoralen Zielsetzungen. Die im Kontext Lateinamerikas erarbeitete Theologie findet hier ein fruchtbares Feld der Mitwirkung mit der kirchlichen Sendung zur Verkündigung des Evangeliums. Unter Ausnutzung der Erfolge und bei der Vermeidung der Fehler der vergangenen Jahre kann der theologische Diskurs behilflich sein, den Weg und die Sprache zu den Armen dieses Kontinentes zu finden, den ersten, ‚die das dringende Bedürfnis nach diesem Evangelium einer radikalen und ganzheitlichen Befreiung spüren'. Dies zu leugnen, so fügt der Papst hinzu, wäre nichts anderes als die Armen zu täuschen und sie um das Evangelium zu enttäuschen.

Santo Domingo hebt ein zweites Thema hervor, von dem her eine bedeutende pastorale Zielsetzung abgeleitet wird: *der menschliche Fortschritt*. Es handelt sich dabei keineswegs um einen fremden und marginalen Aspekt. Zahlreiche Texte des Lehramtes aus den letzten Jahren haben im Gegenteil mit allem Nachdruck darauf bestanden, daß der Einsatz für die Menschenwürde einen Bestandteil des Dienstes an der Evangelisierung bildet. Es ist die Menschenwürde, die in Frage gestellt wird durch ‚die wachsende Verarmung von Millionen unserer Brüder, der verheerendsten, erniedrigendsten Geißel, unter der Lateinamerika und die Karibik zu leiden haben, und die großenteils eine Konsequenz des hier immer noch dominanten Neoliberalismus darstellt'.

Die Problematik ist derart dramatisch, daß die Kirche gar nicht umhin kann, als sich ihr zu stellen. Die biblisch inspirierten Reflexionen über die Armut wie auch die schönen Erfahrungen der Solidarität in der Vergangenheit sind hier von größten Wert. Aber sie dürfen nicht darüber hinwegtäuschen, wie neu und heikel die gegenwärtige Situation sich darstellt. Die von Johannes Paul II. angestrengte Erneuerung der kirchlichen Soziallehre bietet nicht nur Maßstäbe für ein harmonisches soziales Zusammenleben der Menschen und für den Aufbau einer gerechten neuen Gesellschaft, die auf dem Respekt vor dem Leben und der Menschenwürde aufgebaut ist, sondern regt auch die theologische Arbeit an und führt in ein fruchtbares Feld der Erforschung des sozialen und historischen Ambientes von Lateinamerika. Diese Texte sollen uns erinnern, daß die Werte des Friedens, der Gerechtigkeit und Freiheit nicht lediglich Zielvorgaben einer Verpflichtung zu individuellem sozialen Handeln sind, sondern daß sie die Suche nach den geeigneten Methoden zur Gestaltung einer Gesellschaft inspirieren müssen, in der die Rechte aller respektiert werden.

Als drittes Element einer neuen Evangelisation ist die Inkulturation zu nennen. Ziel ist eben eine *inkulturierte Evangelisation*.
Inkulturation ist ein neuer Terminus, der aber nur eine alte Wirklichkeit bezeichnet und die für den Christen einen Anklang an die Inkarnation hat. Das ewige Wort Gottes will sich in den Lebenswelten, den konkreten geschichtlichen Situationen und in unterschiedlichen Kulturen inkarnieren. Damit wird die Transzendenz des Wortes Gottes keineswegs in Frage gestellt (in dem Sinn, daß Gott der menschlichen Aufnahme seines Wortes nicht souverän gegenüberstünde), sondern vielmehr bestätigt und konkretisiert. Diese neue Perspektive hat den Finger auf die Wunde eines Kontinentes von so erheblicher ethnischer und kultureller Diversität gelegt. Die Kulturen und Werte der indigenen und der schwarzen Bevölkerung in Lateinamerika stellen einen ungeheuren Reichtum dar, der von den Verantwortlichen der Verkündigung des Evangeliums respektiert werden will. Wir stehen hier von einer immensen und drängenden Aufgabe, die noch kaum angegangen worden ist und eine spannende Herausforderung für die theologische Reflexion sein wird."[5]
Neuevangelisierung, Dienst der Kirche an einer sozialen und gerechten Gesellschaft und eine neue Synthese von Glauben und moderner Kultur sind auch die Hauptaufgaben der Kirche in Europa.

Die Lage und die Aufgaben der Theologie der Befreiung

Von Gustavo Gutiérrez

Die Bemühungen, Einsicht in den Glauben zu nehmen, welche wir Theologien nennen, sind eng mit den Fragen verbunden, die aus dem Leben und aus den Herausforderungen kommen, denen die christliche Gemeinschaft in ihrem Zeugnis für das Reich (Gottes)[1] ausgesetzt ist. Auf diese Weise verbindet sich die Theologie mit dem geschichtlichen Moment und mit der kulturellen Umwelt, in der diese Fragen aufkommen (deshalb ist genaugenommen die Rede von einer „kontextbezogenen" Theologie eine Tautologie. Auf die eine oder andere Weise ist jede Theologie kontextbezogen). Das ist eines der Elemente, welche die Theologie als kirchliche Funktion definieren. Offensichtlich gibt es in den Theologien fortdauernde Elemente, welche aus der christlichen Botschaft kommen, über die sie arbeiten, aber ihre Aktualität hängt zum großen Teil von ihrer Fähigkeit ab, jene Form zu interpretieren, in der der Glaube unter bestimmten Umständen und in einer bestimmten Epoche gelebt wird. Die Konsequenz ist offensichtlich: Durch ihre veränderbare Seite entstehen die Theologien in einem präzisen Rahmen, sie tragen bei (oder sollen dies tun) zum Glaubensleben der Gläubigen und zur Evangelisierung, die der Kirche aufgegeben ist. Aber Schwerpunkte, Kategorien, Begriffe und Einstellungen verlieren in dem Maß an Durchschlagskraft, in der die Situation, die an ihrem Ursprung stand, schon nicht mehr dieselbe ist. Was wir von der Geschichtlichkeit jeder Theologie sagten, auch derjenigen von größter Bedeutung innerhalb der Geschichte des Christentums, gilt offensichtlich auch für eine Unternehmung, wie sie die Theologie der Befreiung darstellt. Die Theologie treibt ihre Wur-

zeln immer in die geschichtliche Verdichtung der Gegenwart des Glaubens.[2]
Das führt uns direkt zur zweiten Bemerkung. Eher als sich nach der Zukunft einer Theologie als solcher zu fragen, ist es wichtig, sich nach der Gültigkeit und nach den Konsequenzen der großen Themen der christlichen Offenbarung zu fragen, die diese Theologie ins Bewußtsein der Gläubigen rufen und dort verankern konnte. Im Fall der Einsicht des Glaubens in eine befreiende Sichtweise würde es sich um Punkte handeln wie den Prozeß der Befreiung der Armen Lateinamerikas – mit allen Dimensionen, die er mit sich bringt –, die Gegenwart des Evangeliums und der Christen auf diesem Weg und ganz besonders die vorrangige Option für den Armen, die in dieser Art theologischer Reflexion vorgestellt und untersucht wird. Diese Situationen und Themen sind ständig in Entwicklung. Das ist es, was wirklich zählt.
Eine gute Weise, aus einer theologischen Perspektive die Zukunft anzugehen, ist es vielleicht, sie mit anderen theologischen Ausrichtungen von heute zu konfrontieren, ihren Zweck und ihre zentralen Punkte im Verhältnis zur Gegenwart einer neuen Untersuchung zu unterziehen und in der Folge einen Blick auf die Aufgaben zu werfen, die vor ihr liegen. In der Tat kommt die Zukunft nicht einfach auf uns zu, sie wird gestaltet; wir tun das mit unseren Händen und Hoffnungen, unseren Niederlagen und Plänen, unserer Hartnäckigkeit und unserer Aufgeschlossenheit für das Neue. Wir haben uns vorgenommen, das auf den folgenden Seiten in drei Schritten schematisch darzustellen.

Drei große zeitgenössische Herausforderungen an den Glauben

Als Johannes XXIII. das Konzil einberief, fragte er und fragte er sich, wie man heute das aussagen würde, worum die Christen täglich bitten: „Dein Reich komme." Indem er sich auf den Weg machte, um eine Antwort auf diese offene Frage zu finden, tat er ein bedeutsames biblisches Thema wieder auf: die Notwendigkeit, zwischen den Zeichen der Zeit zu unterscheiden, das heißt gegenüber dem Werden der Geschichte und umfassender noch der Welt, in der wir unseren Glauben leben, aufmerksam zu sein: aufgeschlossen für ihre gleichzeitig anfechtenden und bereichernden Anrufe, frei von den Befürchtungen, von den Verurteilungen um jeden Preis und von den Gewitterwolken jener, die der Papst selbst „Unheilspropheten" nannte, von einer Haltung, die jene so sehr annehmen, die sich selbst zu Rettern vor den Übeln der Zeit aufwerfen.

In dieser Argumentationslinie könnten wir ohne irgendeinen Anspruch auf Vollständigkeit und unter Verzicht auf wichtige Nuancen sagen, daß der christliche Glaube und die Verkündigung des Evangeliums heute drei großen Herausforderungen gegenüberstehen: der Herausforderung der modernen Welt und der sogenannten Postmoderne, der der Armut von zwei Dritteln der Menschheit und der des religiösen Pluralismus und des daraus folgenden interreligiösen Dialogs. Die drei Herausforderungen, die wir in chronologischer Reihenfolge aufgezählt haben, stellen Anforderungen von großer Tragweite an das christliche Leben und an die Aufgabe der Kirche dar. Gleichzeitig liefern sie alle Elemente und Kategorien, die es ermöglichen, neue Wege im Verständnis und der Vertiefung der christlichen Botschaft zu gehen. Es ist wesentlich, sich dieser beiden Aspekte derselben Wirklichkeit bewußt zu sein. Die theologische Arbeit wird darin bestehen, von Angesicht zu Angesicht diese Infragestellungen zu betrachten, die sich der Theologie als Zeichen der Zeit zeigen, und gleichzeitig im Licht des Glaubens in ihnen das neue hermeneutische Feld auszumachen, das sich der Theologie bietet, um den Glauben zu denken und von Gott so zu sprechen, daß es den Menschen unserer Zeit etwas sagt.

Der zweiten dieser Herausforderungen werden wir den größten Teil dieser Seiten widmen. Werfen wir deshalb einen kurzen Blick auf die erste und die dritte Herausforderung.

Die moderne (und postmoderne) Welt

Die Denkweise, deren Wurzeln im 15. und 16. Jahrhundert liegen und die sich anfanghaft modern nennt, schlägt vom 18. Jahrhundert an auf das Leben der christlichen Kirchen durch. Ihre Merkmale sind: die Betonung des Individuums als Ausgangspunkt der wirtschaftlichen Aktivität, des gesellschaftlichen Zusammenlebens und der menschlichen Erkenntnis; die kritische Vernunft, die nur das anerkennt, was ihrer Prüfung und ihrem Urteil unterzogen wurde; und das Recht auf Freiheit auf verschiedenen Feldern. Es ist das, was Kant das Mündigsein der Menschheit nannte. Von hier nimmt das Mißtrauen des modernen Geistes gegenüber der Autorität sowohl in gesellschaftlicher wie auch in religiöser Hinsicht seinen Ausgang. Der christliche Glaube, der gemäß diesem Denken dem Aberglauben und einer verqueren Auffassung von Autorität benachbart ist, sei dem Untergang geweiht und bestenfalls dazu verurteilt, sich auf die Privatsphäre zu beschränken. Auf diese Weise tritt die Gesellschaft in einen beschleunigten Prozeß der Säkularisierung ein und nimmt dem christlichen Glauben das gesellschaftliche Gewicht und den Einfluß auf die Menschen, die er zu anderen Zeiten hatte.[3] Die Wendungen dieses Konflikts, der vor allem die Christen Europas erfaßte, wie auch die Maßnahmen, die als Antwort auf die verschiedenen Bannstrahlen der Kirche ergriffen oder unterlassen wurden, sind bekannt, um nicht von den Verwirrungen, Ängsten, Waghalsigkeiten und Leiden zu sprechen, die aus diesen Gründen erlebt wurden.

Das Zweite Vatikanische Konzil nahm Abstand von denjenigen, die in der modernen Welt nur eine schlechte Zeit sahen, die dazu bestimmt war vorüberzugehen und der man nur in Festigkeit widerstehen sollte, bis sich der Sturm verziehe. Es versuchte und erreichte es auch, auf viele dieser Infragestellungen (sicherlich nicht ohne Anfangsschwierigkeiten) eine Antwort zu geben. Um sich der Situation zu stellen, gibt es noch immer eine enorme Arbeit zu leisten; wir stehen natürlich in dieser Angelegenheit vor einer lang dauernden Geschichte.[4]

Angesichts dessen, was man aus Praktikabilitätsgründen die postmoderne Epoche genannt hat, ist die Aufgabe in der jüngsten Vergangenheit schwieriger geworden.[5] Da diese postmoderne Epoche sich als herbe Kritik an der Moderne versteht, die sie unter anderem anklagt, in Widerspruch zu ihrer begeisterten Forderung nach Freiheit leicht in den Totalitarismus (Faschismus, Nationalsozialismus, Stalinismus) zu verfallen und sich auf eine enge und rein instrumentelle Sicht der Vernunft zu beschränken, treibt die postmoderne Denkart den Individualismus noch weiter, der bereits die moderne Welt prägt. Als Ergebnis all dessen wird die Haltung abgeschwächt, die Dinge ändern möchte, von denen man meint, daß sie in unseren Gesellschaften in eine falsche Richtung laufen. Zu dem Ergebnis gehört auch das Mißtrauen gegenüber den festen Überzeugungen in jedweden Bereichen menschlichen Handelns und Erkennens, eine skeptische Haltung, die die Erkenntnis der Wahrheit relativiert; dieser Haltung gemäß hat jeder seine Wahrheit und deswegen gilt alles. Diese Haltung ist zweifellos einer der Gründe für das fehlende Interesse am Gesellschaftlichen und Politischen, dessen Zeugen wir in diesen Tagen werden. Klar ist, daß die Haltung auch bedeutsame Beiträge liefert; so wird man zum Beispiel die Aufmerksamkeit auf das lenken müssen, was die kulturelle oder ethnische Vielfalt – mit allen ihren politischen Zweideutigkeiten – würdigen kann.

Ob die Postmoderne nun die Ablehnung der Moderne oder ihre verfeinerte Verlängerung ist – es ändert sich nichts

Wesentliches an dem, was uns an dieser Stelle interessiert. Alles zusammen stellt eine große Herausforderung an das christliche Bewußtsein dar. Sicherlich hat die Zeit dazu geführt, daß wertvolle theologische Reflexionen entstanden sind, die den Stier bei den Hörnern packten. Weit von einer angstvollen Ablehnung entfernt, haben sie sich nicht nur mit der Freiheit des Evangeliums und der Treue zur Botschaft Jesu den Anfragen der modernen Welt und ihren Fortsetzungen ausgesetzt, sondern auch all das gezeigt, was die moderne Welt beitragen konnte, um die Errungenschaften des Glauben zu offenbaren, für die wir in der Vergangenheit nicht aufgeschlossen waren oder die sich aus dem einen oder anderen Grund verfinstert hatten.

Der religiöse Pluralismus

Wie wir wissen, ist die Vielfalt der Religionen eine jahrtausendealte Tatsache in der Menschheit. Sowohl die großen und bekanntesten wie auch die weniger verbreiteten Religionen sind nicht von gestern. In der Vergangenheit warf ihre Existenz einige praktische Probleme auf und führte zum Nachdenken über die Heilsperspektive des Missionsauftrags der christlichen Kirchen, aber in den vergangenen Jahrzehnten hat sich die Anwesenheit der Religionen zu einer bedeutenden Anfrage an den christlichen Glauben entwickelt. Alle, die das Thema beschäftigt, sind sich in dem Punkt einig, daß die Religionstheologie sehr jung ist, sie bewegt sich auf einem Gebiet voller Schwierigkeiten. Wir wohnen heute einer großen Debatte zu diesem Thema in der Kirche bei. Die Frage ist zweifellos delikat, diesbezüglich sind wichtige und umfassende Texte des Lehramts und theologische Studien abgefaßt worden.[6] Wie schon im Falle der modernen Welt, jedoch aus anderen Gründen, richtet die Anwesenheit von einigen hundert Millionen Menschen, die in diesen Religionen ihre Beziehung zu Gott, einem Absoluten oder einem tiefen Lebenssinn finden, Anfragen an zentrale Punkte der christlichen Theologie. Gleichzeitig liefert sie der christlichen Theologie wie schon im Fall der Moderne Bausteine und Möglichkeiten, um auf sich selbst zurückzukommen und die Bedeutung und Reichweite der Rettung in Jesus Christus heute einer neuerlichen Prüfung zu unterziehen.

Es ist dies ein neues und anspruchsvolles Gebiet.[7] Auf diesem Gebiet ist die Versuchung sehr groß, sich auf Optionen zurückzuziehen, die man als sicher erachtet, und sich daran festzuhalten. Deshalb sind mutige Gesten wie die von Johannes Paul II., der vor einigen Jahren die Vertreter der großen Religionen der Menschheit zu einem Treffen in Assisi zusammenrief, um für den Frieden in der Welt zu beten, besonders willkommen. Tatsächlich kann es keine Theologie der Religionen ohne interreligiösen Dialog geben, einen Dialog, der heute gerade einmal seine ersten Schritte tut. Die Theologie ist immer ein zweiter Schritt. Viele bringen sich bei diesen Bemühungen ein, und auch hier gilt es, vielleicht mit noch größerer Dringlichkeit als im Falle der zuvor beschriebenen Herausforderung, eine enorme Arbeit zu leisten.

Die moderne Denkweise ist die Frucht bedeutender Veränderungen auf dem Gebiet des Wissens um den Menschen und im gesellschaftlichen Leben, die sich grundlegend in Westeuropa ereignet haben, als dieses schon auf seinem Weg zu einem Lebensstandard war, das es von den übrigen Ländern der Erde hervorheben sollte. Anderseits befinden sich die Träger der Anfrage des religiösen Pluralismus unter den ärmsten Nationen der Menschheit. Vielleicht ist dies einer der Gründe, der, wie wir schon erinnerten, dazu geführt hat, daß man in den christlichen Kirchen erst in der jüngeren Epoche auf die Fragen, die von diesen Nationen ausgehen, aufmerksam wurde, gerade eben zu dem Zeitpunkt, da diese Völker erstmals ihre Stimme auf den verschiedenen Gebieten des internationalen Zusammenlebens erhoben. Das führt dazu, daß die Antwort auf die vor allem

von Asien, aber auch von Afrika und in geringerem Umfang von Lateinamerika aus gestellten Fragen nicht das Religiöse von der Situation der Armut trennen kann. Das ist ein doppelter Aspekt, der Folgen für den Diskurs über den Glauben hat, der aus diesen Breitengraden kommt.
Diese letzte Beobachtung führt uns dazu, die Herausforderung durch die Armut zu ergründen, die zu entwickeln wir uns in einem zweiten Abschnitt vorbehalten hatten und die uns aus augenfälligen Gründen besonders interessiert.

Eine unmenschliche und gegen das Evangelium gerichtete Armut

Die Anfragen an den christlichen Glauben, die vom religiösen Pluralismus und der Armut kommen, entstehen außerhalb der nordatlantischen Welt. Die armen Völker der Menschheit tragen sie auf ihren Schultern, wie wir gerade anläßlich der Religionen gesagt haben, und das ist offensichtlich auch der Fall, wenn es um die Armut geht. Diese zuletzt aufgeworfene Infragestellung galt eingangs nachdrücklich der theologischen Reflexion in Lateinamerika, einem Kontinent, der gleichzeitig von einer *armen und gläubigen* Bevölkerung bewohnt wird, wie wir seit Jahrzehnten im Rahmen der Theologie der Befreiung sagen. Es handelt sich um jene, die ihren Glauben inmitten der Armut leben, was als Konsequenz mit sich bringt, daß jeder einzelne dieser Umstände seine Spur in dem jeweils anderen Umstand hinterläßt; also ist den christlichen Glauben leben und denken etwas, das außerhalb des Bewußtseins von der Situation der Ausbeutung und Marginalisierung, in der sich die genannten Menschen befinden, nicht verwirklicht werden kann.

Die Botschaft neu lesen

Die lateinamerikanischen Bischofskonferenzen von Medellín (1968) und Puebla (1979) klagten die bestehende Armut auf dem Kontinent als „unmenschlich" und „gegen das Evangelium gerichtet" an. Aber wir wissen, daß es sich leider um eine Wirklichkeit handelt, die eine weltweite Ausdehnung hat. Allmählich erkannten die Armen der Welt immer deutlicher ihre Situation. Eine ganze Reihe von geschichtlichen Ereignissen in den fünfziger und sechziger Jahren des 20. Jahrhunderts (Entkolonialisierung, Entstehung neuer Nationen, Volksbewegungen, genauere Kenntnis der Gründe für die Armut etc.) machten weit und breit auf der Erde diejenigen *präsent*, die immer in der Geschichte der Menschheit *absent* oder, um genauer zu sein, unsichtbar waren für eine Art, Geschichte zu machen, in der ein Bereich von ihr, die westliche Welt, als Gewinner in allen Bereichen erschien. Es ist die geschichtliche Tatsache, die „der Einbruch des Armen" genannt wurde. Sicherlich ist es kein festgelegtes Ereignis, es befindet sich voll im Gange und stellt weiterhin neue und treffende Fragen. In Lateinamerika und der Karibik war und ist dieses Ereignis besonders bedeutsam für die theologische Reflexion.
Die Armut ist wie der religiöse Pluralismus der Menschheit ein Zustand, der sehr weit zurückreicht. In der Vergangenheit führte sie zweifelsohne zu bewundernswerten Gesten des Dienens gegenüber den Armen und Verlassenen. Heute aber haben die Kenntnis ihrer drückenden Ausdehnung, der immer größere und tiefere Abstand zwischen den reichen und armen Schichten in der gegenwärtigen Gesellschaft und die Art, mit der wir uns ihr annähern, dazu geführt, daß sie erst in der zweiten Hälfte des Jahrhunderts, das zu Ende ging, anfing, wirklich als eine Herausforderung an unser Glaubensverständnis wahrgenommen zu werden. Und das noch nicht zur Gänze, da jene nicht fehlten, die die Armut hartnäckig auf ein Problem der gesellschaft-

lichen und wirtschaftlichen Ordnung reduzieren. Das aber ist nicht der biblische Sinn dieses Zustands, noch war das die Intention Johannes' XXIII., als er am Vorabend des Konzils die Kirche mit der Armut der Welt (mit den „unterentwickelten Ländern") konfrontierte und bekräftigte, daß sie „die Kirche aller und besonders die Kirche der Armen" sein sollte. Er regte somit zu einer herausfordernden Art und Weise an, die Kirche und ihre Aufgabe in der Welt aufzufassen.

Die Botschaft von Papst Johannes fand offene Ohren und sie wurde später in Lateinamerika und in der Karibik vertieft; Lateinamerikas Eigenschaft, ein gleichzeitig armer und christlicher Kontinent zu sein, sensibilisierte es für die theologische Tiefe des Anrufs, der aus der Armut hervorgeht. Zwar eröffneten Gestalten wie Bartolomé de Las Casas und der peruanische Indio Guamán Poma bei ihrer Verteidigung der eingeborenen Bevölkerungen des Kontinents im 16. Jahrhundert unter anderen Umständen diese Perspektive, sie ist aber noch heute weit davon entfernt, von allen verstanden zu werden. Von daher rühren die Schwierigkeiten, denen wir noch immer begegnen, wenn wir uns anschicken, die Bedeutung der Grundaussagen der Theologie der Befreiung und der Bischofskonferenz von Medellín aufzuzeigen, die gerade zu dieser Einstellung hinführen, allerdings im Bewußtsein der aktuellen Lage.

Dennoch zeigten die Kirche von Lateinamerika und der Karibik und bald der anderen armen Kontinente, wie weit die Forderungen reichen, die aus der Situation der Armut und der Marginalisierung so vieler Menschen hervorgehen. Um als ein Problem christlichen Lebens und theologischer Reflexion in seiner ganzen Tiefe betrachtet zu werden, muß sich das Anliegen seinen Weg erst durch einige Hindernisse bahnen. Es ist wichtig anzumerken, daß dies seltener mit der Herausforderung geschieht, die aus der Rolle der Religionen der Menschheit im Heilsplan des Gottes der christlichen Offenbarung entsteht und die in unseren Tagen nach der Herausforderung der Armut an das theologische Bewußtsein der Kirche ergeht. Im Falle des religiösen Pluralismus wird der theologische Charakter schneller wahrgenommen und verstanden, auch wenn es auch hier an verstockten Menschen nicht fehlt. Den theologischen Charakter der Fragen zu unterstreichen, die die menschliche Armut nach sich zieht, bedeutet auf keine Weise, sich darüber hinwegzusetzen, daß sie und die soziale Ungerechtigkeit eine unvermeidliche und konstitutive sozioökonomische Dimension haben. Daß dem so ist, ist offensichtlich. Aber die Aufmerksamkeit, die der Armut und der Ungerechtigkeit entgegengebracht werden muß, kommt nicht einzig von der Sorge um die sozialen und politischen Probleme. Die Armut, so wie wir sie heute kennen, stellt das menschliche Gewissen und das christliche Glaubensverständnis radikal in Frage. Sie gibt einem hermeneutischen Feld Gestalt, das uns zu einer Relecture der biblischen Botschaft und des Weges führt, den die Jünger Christi einschlagen sollen. Das gilt es intensiv zu beachten, wenn wir den Sinn einer Theologie wie der der Befreiung verstehen wollen.

Eine Achse christlichen Lebens

Was wir gesagt haben, wird deutlich in dem bekannten Ausdruck von der „vorrangigen Option für die Armen" ausgesagt. Der Satz kam in den christlichen Gemeinschaften und in den theologischen Reflexionen Lateinamerikas im Zeitraum zwischen Medellín und Puebla auf, und diese letzte Konferenz griff ihn auf und machte ihn weithin bekannt. Seine Wurzeln liegen in den Erfahrungen von Solidarität mit den Armen und im daraus hervorgehenden Verständnis vom Sinn der Armut in der Bibel, die sich in den frühen sechziger Jahren des vorigen Jahrhunderts den Weg bahnten, was im wesentlichen bereits in Medellín zum Ausdruck kam. Dieser Ausdruck ist heute im Lehramt von Johannes Paul II. und dem verschiedener Episkopate der universalen Weltkirche sowie auch in Texten verschiedener christlicher Konfessionen sehr gegenwärtig. Die vorrangige Option für den Armen ist eine grundlegende Achse in der Verkündigung des Evangeliums, die wir unter Verwendung einer bekannten biblischen Metapher (vom „guten Hirten", Joh 10,11; Anm. des Übers.) ganz allgemein pastoralen Auftrag nennen; sie ist diese grundlegende Achse auch auf dem Gebiet der Spiritualität, das heißt beim Wandeln auf den Spuren Jesu. Also ist sie auch eine Achse hinsichtlich der verstandesmäßigen Durchdringung des Glaubens, die sich im Ausgang von diesen beiden Dimensionen des christlichen Lebens, Verkündigung und Spiritualität, vollzieht. Die Gesamtheit aus diesen drei Dimensionen gibt dem christlichen Leben Kraft und Reichweite.

Wir haben gerade kurz die Geschichte einer Wahrnehmung beschrieben, die sich in der Formulierung „vorrangige Option für die Armen" zeigt; dennoch ist klar, daß sie im Grunde darauf abzielt, uns zu helfen, ein wesentliches Datum der biblischen Offenbarung in dieser Zeit ins Auge zu fassen, das auf die eine oder andere Weise in der christlichen Welt immer präsent war: die Liebe Gottes zu jedem Menschen und besonders zu den Verlassensten. Heute jedoch sind wir in der Lage, mit aller wünschenswerten Deutlichkeit darauf hinzuweisen, daß Armut, Ungerechtigkeit und Marginalisierung von Menschen und ganzen Gruppen keine schicksalhaften Gegebenheiten sind, sie haben menschliche und gesellschaftliche Gründe. Im übrigen überrascht uns die Unermeßlichkeit dieser Wirklichkeit wie auch das diesbezügliche Wachsen der Kluft zwischen den Nationen in der Welt und unter den Menschen im Inneren eines jeden Landes. Das verändert die Einstellung gegenüber der Armut und führt uns dazu, die persönlichen und gesellschaftlichen Verantwortlichkeiten in einem neuen Licht zu untersuchen. Es gibt uns auf diese Weise neue Perspektiven, um das Antlitz des Herrn im Antlitz anderer Menschen, besonders im Antlitz der Armen und Mißhandelten fortgesetzt entdecken zu können. Und es erlaubt uns, direkt zu dem überzugehen, was theologisch gesprochen entscheidend ist: sich ins Herz der Verkündigung des Reiches, des Ausdrucks der geschenkten Liebe des Gottes Jesu Christi, zu begeben.

Das Verständnis, das sich in der Formel „vorrangige Option für den Armen" ausdrückt, ist das Wesentlichste des Beitrags des Lebens der Kirche in Lateinamerika und der Theologie der Befreiung für die Kirche weltweit. Die Frage, die zu Beginn dieser Seiten über die Zukunft der Befreiungstheologie aufgeworfen wurde, muß sich ihrer faktischen und zeitgenössischen Beziehung zu all dem, was die genannte Option bedeutet, bewußt sein. Die genannte Perspektive ist offensichtlich etwas, was nicht ausschließlich zu dieser Theologie gehört; der Anspruch und die Bedeutung der Geste gegenüber dem Armen in der Annahme der Gabe des Reiches sind Teil der christlichen Botschaft. Es geht um einen Diskurs über den Glauben, der uns mit der ganzen Neuheit der gegenwärtigen Umstände schlicht eine Erinnerung an etwas und eine Relecture von etwas ermöglicht, was auf die eine oder andere Weise auf dem Weg des Gottesvolkes durch die Geschichte mit mehr oder weniger Nachdruck immer seinen Ort hatte. Von Bedeutung ist es, dies zu unterstreichen, nicht um den Beitrag dieser Theologie, die ihre Bestimmung mit dem biblischen Sinn der Solidarität mit dem Armen verbunden hat, zu vermindern, sondern um das Umfeld angemessen darzustellen, in dem sie sowohl in der Kontinuität mit als auch im Bruch zu vorhergehenden Reflexionen und besonders zur christlichen Erfahrung und den Straßen, die eingeschlagen wurden, um vom Reich Zeugnis abzulegen, steht.

Auf die gleiche Art wie in den beiden bereits behandelten Fällen interessiert es uns, an dieser Stelle herauszuarbeiten, daß sich in der Herausforderung selbst, die aus der Armut kommt, Perspektiven eröffnen, die es uns erlauben, „das

Alte und das Neue" aus dem Schatz der christlichen Botschaft hervorzuholen. Die diesbezügliche Unterscheidung vom Glauben her muß klar sein. Aber dafür ist es notwendig, die Hartnäckigkeit zu überwinden, mit der in der Armut der Welt von heute *nur* ein soziales Problem gesehen wird. Sich so zu verhalten, würde bedeuten, sich an dem vorbeizumogeln, was dieses schmerzhafte Zeichen der Zeit uns sagen kann. Alles, was sich in der Überzeugung zusammenfassen läßt, daß es notwendig ist, die Geschichte von ihrer Rückseite her zu sehen, entspricht der Aussage, sie von ihren Opfern her zu sehen. Das Kreuz Christi erleuchtet diese Sicht und hilft uns, es als den Schritt hin zum endgültigen Sieg des Lebens im Auferstandenen zu verstehen.

Aufgaben der Gegenwart

Wir möchten auf einige Räume hinweisen, innerhalb derer sich bestimmte Aufgaben bewegen, die die theologische Reflexion, die uns beschäftigt, vor Augen hat. Gewiß gäbe es viel mehr Dinge zu sagen und Präzisierungen vorzunehmen, aber sie haben auf diesen wenigen Seiten keinen Platz. Wir hoffen, sie in einer ausführlicheren Arbeit, die in Vorbereitung ist, eingehender zu behandeln.[8]

Komplexität der Welt des Armen

Von Anfang an hat man sich in der Theologie der Befreiung die verschiedenen Dimensionen der Armut vor Augen gehalten. Um es in anderen Begriffen zu sagen – wie es die Bibel tut –, man gab acht, die Armut nicht auf ihren sicherlich wesentlichen wirtschaftlichen Aspekt zu reduzieren.[9] Das führte zur Behauptung, daß der Arme der „Unbedeutende" sei, derjenige, der als eine „Nicht-Person" angesehen wird, jemand, dem nicht die Fülle seiner Rechte als Mensch zuerkannt wird. Menschen ohne soziales oder persönliches Gewicht, die in der Gesellschaft und in der Kirche wenig zählen. So werden sie gesehen oder genauer nicht gesehen, denn als aus der Welt unserer Tage ausgeschlossene Menschen sind sie eher unsichtbar. Die Gründe dafür sind verschieden: zweifellos gehören dazu die Entbehrungen in wirtschaftlicher Hinsicht, aber auch die Farbe der Haut, das Frausein und die Zugehörigkeit zu einer geringgeschätzten Kultur (oder nur wegen ihrer Exotik als interessant eingeschätzten Kultur, was letztlich auf dasselbe hinausläuft). Die Armut ist tatsächlich eine komplexe und facettenreiche Angelegenheit. Wenn wir seit Jahrzehnten von den „Rechten der Armen" sprechen (siehe z. B. Medellín, Paz 22), beziehen wir uns auf diese Gesamtheit von Dimensionen der Armut.

Eine zweite Perspektive, die ebenfalls seit den ersten Schritten der Theologie der Befreiung gegenwärtig war, war es, den Armen als „den Anderen" einer Gesellschaft zu sehen, die am Rande seiner elementarsten Rechte oder sogar gegen sie aufgebaut wird und die seinem Leben und seinen Werten fremd bleibt. In der Weise, in der die Geschichte von diesem anderen aus gelesen wird (ausgehend z. B. von der Frau), verwandelt sie sich in eine andere Geschichte. Dennoch könnte eine Relecture der Geschichte als eine rein intellektuelle Übung erscheinen, wenn man nicht versteht, daß sie es mit sich bringt, nochmals gestaltet zu werden. Entsprechend dieser Vorstellung herrscht trotz aller Beschränkungen und Hindernisse, die wir besonders in unseren Tagen kennen, die unumstößliche Überzeugung, daß die Armen ihr Schicksal selbst in die Hand nehmen müssen. Ein Mann und Theologe wie Las Casas wollte die Dinge sehen, „als wenn er ein Indio wäre". In dieser Hinsicht ist ein Anknüpfen an solchen Bemühungen in der Geschichte wie eine reiche Ader, die es immer noch auszubeuten gilt. Der erste, der dies getan hat und dazu mit Sachkenntnis, war der peruanische Indio Guamán Poma. Einzig durch die Befreiung unseres Blicks von Trägheiten, Vorurteilen und von unkritisch angenommenen Kategorien können wir den Anderen entdecken. Aus diesem Grunde nämlich reicht es nicht aus, sich dieser Komplexität bewußt zu sein, es ist notwendig, sie zu vertiefen, ins Detail der Vielfalt zu gehen und ihre herausfordernde Kraft hervorzuheben. Auch reicht es nicht aus, den Armen (so wie wir ihn verstanden haben) in seiner Eigenschaft als „der Andere" zur Kenntnis zu nehmen. Diese seine Eigenschaft muß ebenfalls im Detail untersucht und in ihrer ganzen herausfordernden Wirklichkeit betrachtet werden. In diesem Prozeß befinden wir uns vor allem dank des konkreten Engagements, das in und ausgehend von der Welt der Armut geleistet wurde, die unter uns, wie wir schon gezeigt haben, überwiegend vom christlichen Glauben gezeichnet ist, der auf die eine oder andere Weise gelebt wird. Die theologische Reflexion nährt sich aus dieser täglichen Erfahrung, die bereits mehrere Jahrzehnte alt ist, und gleichzeitig bereichert sie sie.

Diese Bemühungen wurden in den vergangenen Jahren vertieft. Wertvolle Arbeiten haben es ermöglicht, besonders fruchtbar in einige wesentliche Aspekte der erwähnten Komplexität einzudringen. Tatsächlich begegnen sich heute verschiedene Bemühungen, die den Glauben von der Jahrhunderte währenden Situation der Marginalisierung und Ausbeutung der verschiedenen eingeborenen Völker unseres Kontinents und der schwarzen Bevölkerung, die unserer Geschichte seit Jahrhunderten gewaltsam eingegliedert wurde, her sehen. Auf verschiedene Weise sind wir heute Zeugen geworden von der Kraft und Überzeugung, die die Stimme dieser Völker gewinnt, vom kulturellen und menschlichen Reichtum, die sie fähig sind einzubringen, wie auch von den Facetten der christlichen Botschaft, die sie uns in aller Klarheit zu sehen erlauben. Dazu kommt noch der Dialog mit anderen religiösen Entwürfen, mit denjenigen, die die Zerstörung der vorhergehenden Jahrhunderte überleben konnten, die heute in der Minderheit – durchaus ansehnlich, denn sie werden von engagierten Menschen getragen –, aber, ohne sie künstlich wieder erschaffen zu wollen, mit ihrer kulturellen und religiösen Härte gegenwärtig sind.

Die theologischen Reflexionen, die aus diesen Welten kommen, sind besonders anspruchsvoll und neuartig, wie auch jene, die von der unmenschlichen und daher unannehmbaren Lage der Frau in unserer Gesellschaft, insbesondere der Frau, die zu den sozialen und ethnischen Schichten gehört, an die wir gerade erinnert haben, ausgehen. Auf diesem Gebiet werden wir ebenfalls Zeugen von reichhaltigen und neuen theologischen Perspektiven, die vor allem von Frauen entwickelt werden, die uns von Bedeutung sind und die ihre Fragen an alle richten. Eines der fruchtbarsten Felder ist das jener Lektüre der Bibel, welche von der Lage der Frau ausgeht. Aber natürlich gibt es viele andere, die ebenfalls den Verstehenshorizont des christlichen Glaubens erweitern.

Anzumerken ist, daß es nicht darum geht, alte Kulturen, die in der Zeit stehengeblieben sind, zu verteidigen oder archaische Vorstellungen, die von der geschichtlichen Entwicklung überholt wurden, anzubieten, wie einige glauben mögen. Kultur ist fortdauernde Schöpfung, alle Tage wird sie erarbeitet. Das sehen wir auf sehr verschiedene Weise in unseren Städten. In ihren untersten Schichten sind sie ein Schmelztiegel aus Rassen und Kulturen; aber gleichzeitig sind die Städte Orte, in denen die Abstände zwischen den gesellschaftlichen Bereichen, die in ihnen leben, grauenhaft wachsen. Beide Dinge sind in den Städten eines Kontinents, der von einer überhasteten Urbanisierung geprägt ist, zu erleben. Diese Umwelt im Werden, die zum großen Teil die Werte traditioneller Kulturen mit sich reißt und umformt, bildet den Rahmen für das Leben des Glaubens und die Ankunft des Reiches; es ist folglich ein ge-

schichtlicher Ausgangspunkt für eine Reflexion theologischen Zuschnitts.
Dennoch darf der Schwerpunkt, den der Glaubensdiskurs im Sinne der „vorrangigen Option für den Armen" berechtigterweise setzt, nicht die umfassende Perspektive dessen verlieren, was bei der Lage aller Armen in Frage steht; noch darf er das gemeinsame Feld vernachlässigen, von dem unsere Sprachen und Reflexionen ausgehen und in dem sie sich bewegen: das gemeinsame Feld der Unbedeutenden, das ihrer integralen Befreiung und das der Frohbotschaft Jesu, die sich vorrangig an sie alle wendet. Tatsächlich muß um jeden Preis vermieden werden, daß die notwendige und dringliche Aufmerksamkeit auf die Leiden und Hoffnungen der Armen zu einer unwirksamen Suche in privaten theologischen Gehegen führt. Diese wären eine Quelle von Ausgrenzung und Mißtrauen, die in letzter Konsequenz den täglichen Kampf der Besitzlosen um Leben, Gerechtigkeit, Rücksichtnahme auf ihre kulturellen und religiösen Werte sowie um ihr Recht, gleichzeitig gleich und anders zu sein, schwächen, wenn man einmal davon ausgeht, daß es sich im wesentlichen um konvergente und sich ergänzende Perspektiven handelt.
Wie wir geschrieben haben, sind die eingangs wahrgenommene Komplexität der Welt des Armen und die Perspektive des Anderen heute besser dargestellt: mit allen ihren Schwierigkeiten und ihrem Konfliktstoff, aber auch mit allen ihren Verheißungen. Wir wollen nicht so tun, alle theologischen Strömungen, die von dieser Situation ausgehen, mit einer Überschrift versehen zu wollen, die Vielfalt ist in diesem Punkt gleichermaßen wichtig; aber die offensichtlichen geschichtlichen Verbindungen zwischen ihnen wie auch der gemeinsame Horizont der komplexen Welt des Armen, in den sie gestellt sind, erlauben es uns, sie als fruchtbare Äußerungen der gegenwärtigen Aufgaben der theologischen Reflexion, die von den Enterbten des Kontinents ausgeht, zu sehen. Es geht um geöffnete, unerschöpfliche Quellen.

Globalisierung und Armut

Vor vielen Jahren sagte Paul Ricoeur, wir sind nicht mehr mit den Armen, wenn wir nicht gegen die Armut sind, das heißt, wenn wir nicht die Umstände ablehnen, die einen so großen Teil der Menschheit niederdrücken. Es geht dabei nicht um eine rein gefühlsmäßige Ablehnung, es ist notwendig, das zu erkennen, was die Armut auf der gesellschaftlichen, wirtschaftlichen und kulturellen Ebene verursacht. Das erfordert Forschungsinstrumente, die uns die Humanwissenschaften liefern. Aber wie jedes wissenschaftliche Denken arbeiten sie mit Hypothesen, die es ermöglichen, die Wirklichkeit zu verstehen, die sie zu erklären versuchen, was gleichbedeutend ist mit der Aussage, daß von den Humanwissenschaften angesichts neuer Phänomene gefordert wird, sich weiterzuentwickeln. Das geschieht heute angesichts der vorherrschenden Präsenz des Neoliberalismus. Dank der Tatsache, die unter dem etwas unfertigen Begriff der Globalisierung bekannt ist, kommt er jetzt auf den Schultern einer von der Politik (und schon vorher von der Ethik) immer autonomeren Wirtschaft daher.
Bekanntlich kommt die damit bezeichnete Situation aus der Welt der Informationstechnologie, aber sie erschüttert den wirtschaftlichen und sozialen Bereich sowie weitere Bereiche der menschlichen Aktivität ganz gewaltig. Dennoch ist der Begriff der Globalisierung trügerisch, weil er uns im Glauben beläßt, daß wir uns auf eine einzige Welt hin ausrichten, während er in Wahrheit und zum gegenwärtigen Zeitpunkt unausweichlich einen Gegensatz nach sich zieht: die Ausgrenzung eines Teils der Menschheit aus dem Wirtschaftskreislauf und von den sogenannten Segnungen der zeitgenössischen Zivilisation. Die Asymmetrie tritt von Mal zu Mal deutlicher hervor. Millionen Menschen werden auf diese Art in nutzlose oder nach Gebrauch zu entsorgende Objekte verwandelt. Es geht um jene, die außerhalb der

Sphäre des Wissens bleiben, das seinerseits ein entscheidender Bestandteil der Wirtschaft unserer Tage und der wichtigste Pfeiler für die Kapitalanhäufung ist. Es sollte angemerkt werden, daß diese Polarisierung die Folge der Weise ist, in der wir heute die Globalisierung leben. Diese Tatsache muß nicht notwendigerweise den gegenwärtigen Verlauf einer wachsenden Ungleichheit nehmen. Und wir wissen, daß es ohne Gleichheit keine Gerechtigkeit gibt. Wir wissen es, aber dieser Punkt wird in unseren Tagen immer dringlicher.[10]
Der wirtschaftliche Neoliberalismus fordert einen schrankenlosen Markt, der sich durch seine eigenen Mittel regeln soll, und unterzieht jegliche gesellschaftliche Solidarität in diesem Bereich einer harten Kritik, indem er ihr vorwirft, nicht nur unwirksam gegenüber der Armut, sondern auch einer der Gründe für sie zu sein. Es ist klar und bekannt, daß es in diesem Bereich Mißbrauchsfälle gegeben hat. Aber angesichts des Neoliberalismus stehen wir vor einer grundsätzlichen Ablehnung, die die zerbrechlichsten Menschen in der Gesellschaft im Regen stehen läßt. Eine am schmerzlichsten und härtesten zu spürende Folge dieses Denkens sind die Auslandsschulden, die den armen Nationen die Hände binden und sie gebeugt halten. Diese Schulden schossen unter anderem deshalb über die Maßen in die Höhe, weil die Gläubiger selbst die Zinsraten bestimmten. Die Forderung nach einem Schuldenerlaß ist einer der konkretesten und interessantesten Punkte im Aufruf Johannes Pauls II. zur Feier des Jubiläums im biblischen Sinne des Wortes des Jahres 2000.
Die Entmenschlichung der Wirtschaft, die bereits vor einiger Zeit begonnen hat und die alles, auch Menschen, zu Waren macht, wurde durch eine theologische Reflexion verurteilt, die das Götzendienerische dieser Tatsache im biblischen Sinne des Wortes offenbart. Die gegenwärtigen Umstände haben diese Kennzeichnung nicht nur dringlicher gemacht, sondern verweisen darüber hinaus auf

neue Elemente, die diese Kennzeichnung bestätigen. Auf der anderen Seite werden wir zur Zeit Zeugen des merkwürdigen Versuchs einer theologischen Rechtfertigung des Neoliberalismus, der zum Beispiel die multinationalen Körperschaften mit dem Gottesknecht vergleicht, der von allen angegriffen und verleumdet wird. Von den Unternehmen gingen Gerechtigkeit und Rettung aus. Wir sprechen gar nicht erst von der sogenannten Theologie des Wohlstands, die sicherlich enge Verbindungen mit der gerade erwähnten Haltung hat. Das hat manchmal sogar dazu geführt, eine gewisse Parallele zwischen dem Christentum und der Lehre des Neoliberalismus zu behaupten. Ohne gleich seine guten Absichten in Abrede zu stellen, muß man sich nach dem Sinn eines Vorgehens fragen, das vor Jahren im entgegengesetzten Extrem angewandt wurde, um den Marxismus zurückzuweisen, der ebenfalls als eine Art „Religion" angesehen wurde, die im übrigen Stück für Stück der christlichen Botschaft folgen würde (Erbsünde und Privateigentum, Notwendigkeit eines Erlösers und Proletariat etc.). Es wird jedoch deutlich, daß diese Beobachtung nichts von der Notwendigkeit einer radikalen Kritik an den vorherrschenden Ideen auf dem Gebiet der Wirtschaft von heute nimmt. Ganz im Gegenteil.

Es drängt sich eine theologische Reflexion auf, die von den Armen, den Bevorzugten Gottes, ausgeht. Sie muß die Autonomie, die der Wirtschaftswissenschaft eigen ist, respektieren und gleichzeitig ihre Beziehung zur Gesamtheit des menschlichen Lebens aufrechterhalten, was zuallererst voraussetzt, von einer ethischen Forderung auszugehen. Um gleichermaßen zu vermeiden, sich an dem Spiel der Positionen zu beteiligen, die wir gerade erwähnt haben, wird man nicht aus dem Auge verlieren dürfen, daß die stärkere Ablehnung der neoliberalen Positionen vom Widersinn einer Wirtschaft ausgeht, die zynischer- und auf die lange Sicht selbstmörderischerweise den Menschen vergißt, besonders jene Menschen, denen es auf diesem Gebiet an

Schutzmöglichkeiten fehlt, und das ist heute die Mehrheit aller Menschen. Im weiteren Sinne des Wortes sucht die ethische Frage die verkehrten Mechanismen zu durchdringen, die die menschliche Aktivität, die wir als Wirtschaft bezeichnen, von innen her verzerren. In diesem Sinne gibt es wertvolle Bemühungen theologischer Reflexion unter uns.

Diesem Komplex von Globalisierung und Armut müssen wir die Perspektiven beistellen, die die ökologischen Strömungen angesichts der ebenfalls selbstmörderischen Zerstörung der Umwelt eröffnen. Sie haben uns für alle Dimensionen des Lebens sensibilisiert und uns geholfen, den Horizont der sozialen Solidarität zu erweitern, der eine respektvolle Beziehung zur Natur einschließen muß. Der Punkt betrifft nicht nur die entwickelten Länder, deren Industrien der natürlichen Umwelt der Menschheit so viel an Schaden zufügen. Er berührt alle, auch die ärmsten Länder. Es ist heutzutage unmöglich, sich theologisch über die Armut Gedanken zu machen, ohne diese Wirklichkeiten zu berücksichtigen.

Vertiefung der Spiritualität

Wenn die vorherigen Punkte auf die eine oder andere Weise seit den ersten Schritten der Theologie der Befreiung gegenwärtig waren oder angedeutet wurden, ist unleugbar deutlich, daß das Eigentliche und Schöpferische der Arbeit, der wir in diesen vergangenen Jahren beiwohnten, die Spiritualität, immer ganz vorne stand. Über die Bedeutung der Spiritualität für jeden Christen hinaus geht es hier um die Bestimmung der Art von Theologie, die wir fordern; tatsächlich ist es eine tiefe Überzeugung, die uns immer begleitet und bei der uns das Werk von M. D. Chenu immens geholfen hat, daß nämlich hinter jeder verstandesmäßigen Durchdringung des Glaubens eine Art der Jesusnachfolge steht.[11] Die Spiritualität, so bezeichnen wir heute das, was in den Evangelien als die Nachfolge Jesu Christi bekannt ist, ist der Pfeiler des Glaubensdiskurses. Gerade sie gibt ihm seine tiefste Bedeutung und Reichweite. Das ist einer der zentralen Punkte des Verständnisses der Theologie als Reflexion über die Praxis, die genau das Herz des Jüngerseins darstellt. Seine beiden großen und miteinander verschränkten Dimensionen, das Gebet und der Einsatz in der Geschichte, bilden das, was im Matthäusevangelium das „den Willen des Vaters Tun" genannt wird, im Gegensatz zu dem einfachen Aufsagen des „Herr, Herr" (Mt 7,21). So bekommt die Aussage Sinn, daß „unsere Methodenlehre unsere Spiritualität ist".[12] Beide sind Wege zu Gott und es ist notwendig, auf ihnen vorwärts zu schreiten.

In jüngerer Zeit gab es eine reichhaltige Produktion im Sinne einer Spiritualität der Befreiung. Der Grund dafür ist einfach: Die geistliche Erfahrung des armen Volkes des Kontinents mitten in einem historischen Prozeß, der von Erfolgen und Mißerfolgen weiß, ist herangereift. Das Interesse in Verbindung mit der geistlichen Erfahrung bedeutet keine irgend geartete Haltung des Rückzugs angesichts von Optionen zur Sozialordnung, die wir in ihrer ganzen Gültigkeit als Ausdruck der Solidarität mit den Armen und Unterdrückten aufrechterhalten. Wer so denkt, scheint die Radikalität zu verkennen, die den Dingen auf den Grund geht, dort, wo sich täglich die Liebe zu Gott und die Liebe zum Nächsten verbinden. In dieser Tiefe liegt die Spiritualität. Weit davon entfernt, eine Flucht vor den Herausforderungen der Gegenwart zu sein, gibt sie den Optionen, die wir gerade dargestellt haben, Stärke und Dauerhaftigkeit. Rilke hatte recht, als er sagte, daß man Gott in unseren Wurzeln finden kann. Und niemals werden wir aufhören, sie zu vertiefen.

Im Kern selbst der vorrangigen Option für den Armen gibt es einen spirituellen Baustein der Erfahrung der sich schenkenden Liebe Gottes. Die Ablehnung der Ungerechtigkeit und der Unterdrückung, die diese Erfahrung mit sich bringt, ist in unserem Glauben an den Gott des Lebens verankert. Deshalb nimmt es nicht wunder, daß diese Option mit dem Blut derjenigen besiegelt wurde, die, wie Monsignore Romero sagte, mit dem „Siegel der Märtyrer" gestorben sind. Jenseits des Falls des Erzbischofs von San Salvador selbst ist dies die Situation, die zahlreiche Christen auf einem Kontinent erleiden, der auch christlich sein möchte. In einer Reflexion über die Spiritualität Lateinamerikas können wir dieses grauenhafte Paradox nicht beiseite lassen. In Wahrheit prägt das Leben des Kreuzes auf viele Weisen das tägliche Leben der Christen des Kontinents und von Peru.[13]

Für diese Vorstellung ist der Weg eines Volkes wesentlich, das seinen Glauben lebt und seine Hoffnung mitten in einem Leben aufrechterhält, das aus Armut und Ausgrenzung, aber auch aus Plänen und einem gewachsenen Bewußtsein für seine Rechte besteht. Die Armen von Lateinamerika haben den Weg eingeschlagen, ihre Menschenwürde und ihre Eigenschaft als Söhne und Töchter Gottes zu bekräftigen. Auf diesem Weg gibt es eine Begegnung mit dem gekreuzigten und auferstandenen Herrn. Aufmerksam auf diese geistliche Erfahrung zu sein, die mündlichen Traditionen und die Schriften anzunehmen, in der sie erzählt wird, wird zu einer vorrangigen Aufgabe der theologischen Reflexion, die unter uns betrieben wird. Wir nennen diese Idee: aus der eigenen Quelle trinken, indem wir auf einen Ausdruck von Bernhard von Clairvaux zurückgreifen. Seine Wasser werden uns erlauben, das Maß der Inkulturation des christlichen Glaubens in armen Völkern zu erkennen, die aber eine von der Kultur der nordatlantischen Welt unterschiedene Kultur und einen entsprechenden geschichtlichen Verlauf besitzen.

Was wir gerade gesagt haben, ist die Folge einer Feststellung, an die wir bereits erinnert haben: Das lateinamerikanische Volk ist gleichzeitig ein mehrheitlich armes und gläubiges Volk. Im Herzen einer Situation, die sie ausschließt und mißhandelt und aus der sie sich zu befreien suchen, glauben die Armen an den Gott des Lebens. Unsere Freunde Victor (mittlerweile verstorben) und Irene Chero sagten während eines Besuchs des Papstes 1985 in Peru im Namen der Armen des Landes, von denen mehr als eine Million zugegen waren, zu Johannes Paul II.: „Mit vor Schmerz gebrochenem Herzen sehen wir, daß unsere Frauen mit Tuberkulose gebären, daß unsere Kinder sterben, unsere Kinder in Schwäche und ohne Zukunft aufwachsen." Sie fügten hinzu: „Aber trotz all dieser Dinge glauben wir an den Gott des Lebens." Das ist ein auf das Leben ausgerichteter Kontext oder eher noch eine auf das Leben ausgerichtete Wirklichkeit, über die eine Reflexion über den Glauben nicht hinwegsehen kann. Vielmehr muß sie sich an ihr nähren. Fortgesetzt.

Noch einige Worte zum Abschluß. Obwohl wir erklärbarerweise den Schwerpunkt auf den Anruf gelegt haben, der aus der Welt der Armut kommt, so sind wir doch weit davon entfernt, zu denken, daß uns die beiden anderen Infragestellungen in Lateinamerika und der Karibik nicht betreffen würden. Die theologische Reflexion der christlichen Welt muß die drei erwähnten Herausforderungen annehmen und auch ihre gegenseitigen Beziehungen aufzeigen. Auf diesen Seiten haben wir sie kaum gestreift, wir sind jedoch von der Bedeutung und Fruchtbarkeit der Feststellung dieser Verbindungen überzeugt.
Dafür müßte man die Versuchung einer Abkapselung vermeiden, die darin bestehen würde, die genannten Herausforderungen den verschiedenen Kontinenten zuzuteilen. Die Herausforderung der Moderne der westlichen Welt, die der Armut Lateinamerikas und die, die aus dem religiösen Pluralismus Asiens hervorgeht. Das wäre eine auf Einfachheit ausgerichtete Lösung, die den Berührungspunkten und Kontakten gegenüber fremd wäre, die sich heute zwischen verschiedenen Völkern und Kulturen ergeben; die

auch der Geschwindigkeit der Informationsverbreitung gegenüber fremd wäre, deren Zeuge wir werden und die die Nähe herstellt, die Menschen erfahren, die geographisch gesehen in großem Abstand voneinander sind.
Natürlich gibt es den drei Regionen der Menschheit entsprechend eigene Schwerpunkte. Aber sie sind eben nur Schwerpunkte. Gegenwärtig sind wir zu einer theologischen Aufgabe gerufen, die einerseits neue Wege umfassen und anderseits mit starker Hand sowohl von den Besonderheiten als auch von der Universalität unserer gelebten Situation ausgehen soll. Diese Aufgabe wird nur mit großer Sensibilität gegenüber den verschiedenen Herausforderungen erfüllt werden können, an die wir erinnert haben, und mit einem respektvollen und offenen Dialog, der als historischen Ausgangspunkt die Lebensbedingungen – auf allen Ebenen – der Menschen und ihrer Würde, besonders der Armen und Ausgeschlossenen, nimmt. Sie offenbaren den Christen die Anwesenheit Jesu Christi mitten unter uns.
Wir stehen vor einer anregenden und vielversprechenden Aufgabe, in der die Theologie der Befreiung viel zu tun und vor allem zu lernen hat.

Befreiungstheologie im Meinungsstreit

Von Gerhard Ludwig Müller

1. Die Notwendigkeit einer Befreiungstheologie

Das öffentliche Interesse an der lateinamerikanischen Befreiungstheologie erscheint schon wieder abgeebbt. Die lehramtlichen Konflikte haben sich von der theologischen auf die kirchenpolitisch-disziplinäre Ebene verlagert.
Soll die Theologie nun wieder zur Tagesordnung übergehen und sich der aktuellen Modewelle, zum Beispiel der Psychowelle, zuwenden, die immer noch munter ins öffentliche Bewußtsein schwappt?
Jeder mag dieses eigenartige Phänomen konjunkturbedingter Interessennahme auf seine Weise bewerten – unbestreitbar bleibt die nach wie vor katastrophale Realität der Gesellschaften in Lateinamerika und in der gesamten Dritten Welt, aus der die Befreiungstheologie entstanden ist als Versuch einer theologischen Bewältigung und eben nicht nur irgendeiner Erklärung und Strategie der Veränderung, sondern als theologische Antwort, indem vom höchsten Standpunkt des menschlichen Geistes, im Lichte des Wortes Gottes, die konkreten sozialen, ökonomischen und geschichtlichen Bedingungen menschlichen Daseins ins Auge gefaßt werden.
Dies muß bleibend die Aufgabe einer universalkirchlich sich verstehenden und vollziehenden Theologie sein. Gewiß hat die Befreiungstheologie ihren Ursprung in den sozio-ökonomischen Kontexten der Dritten Welt. Gerade darin beweist sie ihre Originalität: durch ihren kontextuellen Referenzrahmen. Es kann in der Tat keine weltweite

Einheitstheologie geben, die in schlechter Abstraktion, d. h. unter Absehung von den konkreten Verhältnissen die Wahrheit des Evangeliums formuliert mit einer rein immanenten Logik reiner Begriffe. Theologie als geistliche Tätigkeit muß im richtigen Sinn des Wortes abstrakt sein, indem sie im gesamten Phänomenbereich der erkannten Wirklichkeit das konkret Wesentliche in den Erscheinungen erkennbar macht. Deshalb muß jede Theologie kontextuell ansetzen. Aber dadurch spaltet sich die Theologie nicht in eine inkommensurable Summe von Regionaltheologien auf. Somit könnten wir allenfalls fragen, ob wir uns von anderen Theologien, die aber an sich mit uns nichts zu tun haben, eine „Scheibe abschneiden können". Jede Regionaltheologie muß vielmehr in sich selbst schon universalkirchlich ausgerichtet sein. Diese universalkirchliche Dimension jeder Regionaltheologie ist im gemeinsamen Objekt begründet, insofern keine Gesellschaft und Kultur total isoliert vor sich selbst existiert, sondern gerade auch im sozio-kulturellen Kontext in einer Interdependenz mit der gesamten Menschheitsentwicklung steht. Zum anderen ergibt sich die universalkirchliche Dimension der Theologie auch aus dem theologischen Subjekt, insofern der Theologe aus der Einheit des Wortes Gottes an die eine Menschheit und ihre eine Geschichte selbst nun universalgeschichtlich und universalgesellschaftlich denken muß. Die objektive und subjektive Einheit der Universaltheologie entsteht jedoch nicht durch die Verabsolutierung einer Regionaltheologie (Beispiel: Eurozentrismus). Sie vollzieht sich vielmehr in einer kommunikativen Vernetzung der Regionaltheologien. Konkret: Ich beschäftige mich mit der lateinamerikanischen Befreiungstheologie, weil die gesellschaftlichen, ökonomischen und kirchlichen Verhältnisse der Menschen in Lateinamerika eine objektive Dimension meines eigenen Menschseins sind in seinen umfassenden historischen und religiösen Bedingungen und weil subjektiv mein theologisches Verstehen der Offenbarung Gottes nur möglich ist im Rahmen der

universalen und eschatologischen Realisierung des Heils in der Geschichte der Menschheit.
Es sind also nicht vordergründige Motive, etwa der Versuch, bei den gängigen Tagesgesprächen auf dem laufenden zu sein, die eine Auseinandersetzung mit der Befreiungstheologie zu einem festen Bestandteil des theologischen Diskurses machen. Es ist vielmehr die Sache der Theologie und ihre methodische Durchführung, die das Anliegen der Befreiungstheologie zu einem Aspekt jeder Theologie machen, in welchem begrenzten sozio-ökonomischen Rahmen sie sich auch bewegt.
Wir setzen uns als europäische Theologen mit der Befreiungstheologie nicht darum auseinander, weil es sie halt gibt oder weil es interessant ist, sich auch einmal mit anderen Themen zu beschäftigen, sondern weil sie eine notwendige Regionaltheologie darstellt, ohne die der gesamtkommunikative Prozeß von Theologie nicht funktionieren kann.
In diesem Sinne hat Papst Johannes Paul II. im Brief an die Brasilianische Bischofskonferenz im Jahre 1986 erklärt, „daß die Theologie der Befreiung nicht nur opportun ist, sondern nützlich und notwendig".[1] Den unmittelbaren Hintergrund der Befreiungstheologie müssen wir in der lehramtlich einsetzenden Neukonzeption von Kirche im Zweiten Vatikanischen Konzil ansetzen, besonders in der Kirchenkonstitution und in der Konstitution über die Kirche in der Welt von heute, also „Lumen gentium" und „Gaudium et spes". Der Versuch einer konkreten Umsetzung dieses konziliaren Impulses für die lateinamerikanische Kirche hat in den Dokumenten der zweiten und dritten Generalversammlung des lateinamerikanischen Episkopates in Medellín und Puebla seinen Ausdruck und breiten lehramtlichen Konsens gefunden. Auch in den beiden jeweils unterschiedlichen und im ganzen differenziert zu bewertenden Instruktionen der römischen Glaubenskongregation von 1984 und 1986 ist die Möglichkeit einer authentischen und originalen Befrei-

ungstheologie keineswegs in Frage gestellt, sondern gerade in ihrer Notwendigkeit anerkannt. Wenn wir uns nun mit der Befreiungstheologie im einzelnen auseinandersetzen wollen, dann können wir nicht von der Position der „glücklich Besitzenden" aus sie auf ihre positiven und negativen Seiten hin abklopfen, d. h. ihre Vorzüge und Nachteile wie in einer kommerziellen Jahresbilanz auflisten. Sich geistig mit der Befreiungstheologie auseinanderzusetzen heißt, in ihren theologischen Diskurs einsteigen und somit in der Partizipation am gesellschaftlichen und kirchlichen Prozeß der Kirche in Lateinamerika den eigenen kirchlichen und theologischen Standort im weltkirchlichen historischen Prozeß zu bestimmen. Erst innerhalb dieser Teilnahme sind kritisch-unterscheidende und damit konstruktive Beiträge zur gesamtkirchlichen Kommunikation in der Theologie möglich.

2. Der originale theologische Neuansatz der Befreiungstheologie

Die Konzeptionen von Befreiungstheologie haben bei ihren bedeutendsten Vertretern durchaus ein eigenes Profil. Man hat deshalb schon gesagt, es gäbe gar keine Befreiungstheologie, sondern nur eine lockere Summe von Befreiungstheologien. Bei einem genaueren Hinsehen zeigt sich aber, daß keineswegs ein unintegrierbarer Pluralismus vorliegt. Das breite Spektrum der Nuancen ist durchaus zusammengehalten von einer gemeinsamen Thematik, einem einheitlichen Grundanliegen und demselben erkenntnistheoretisch-methodischen Ansatz. Maßgeblich bleibt immer noch die erste große Systematisierung in dem Werk „Theologie der Befreiung" von Gustavo Gutiérrez, der darum mit vollem Recht auch den Namen „Vater der Befreiungstheologie" trägt. Seit 1971, als dieses Buch erstmals erschien, hat es freilich eine extensive und intensive Weiterentwicklung gegeben. Einmal wurde sukzessive von diesem methodischen Ansatz die Gesamtthematik der katholischen Dogmatik und Moraltheologie durchdekliniert, und zum anderen wurde, gerade auch im Hinblick auf die zahlreichen Einwände und Anfragen, der Ansatz auch erkenntnistheoretisch, methodisch stärker durchreflektiert. Das hat Clodovis Boff in seinem Buch „Theologie und Praxis. Die erkenntnistheoretischen Grundlagen der Theologie der Befreiung" (1978) versucht.

Wo liegt nun der Urimpuls der Befreiungstheologie? Es ist ein verbreitetes Mißverständnis, wenn wir den Ausgangspunkt einfach bei der in jeder Hinsicht katastrophalen sozialen und wirtschaftlichen Situation der Bevölkerungsmehrheit in der Dritten Welt suchen wollten. Es war nicht einfach so, daß Christen gefragt haben, was sie als Gläubige und Theologen tun können gegen Hunger, Ausbeutung, Rechtlosigkeit, miserable medizinische Versorgung, Kindersterblichkeit, vorzeitigen Tod, das Fehlen jeder höheren Bildungsmöglichkeit, kurz die menschenunwürdigen Lebensbedingungen, die die Menschen an Leib und Seele ruinieren. Ginge es nur darum, hätte man sich einfach mit der klassischen Soziallehre der Kirche begnügen können. Bei einem bloß sozialen Engagement wäre auf der erkenntnistheoretischen Ebene die Sozialwissenschaft und Nationalökonomie der Ausgangspunkt und die Theologie allenfalls eine Hilfswissenschaft. Die Befreiungstheologie will aber selbst in Methode und Durchführung reine Theologie sein. Bei der Definition von Theologie beruft man sich darum gern auf Thomas von Aquin: „Alles wird in der Theologie *sub ratione Dei* – unter dem Leitgedanken Gott, einer Gott entsprechenden Vorgehensweise nach – behandelt, entweder weil es Gott selbst betrifft oder weil es auf Gott als Ursprung oder Ziel hingeordnet ist."[2] Es soll also im strengen Sinne des Wortes Theologie getrieben werden. Dazu gehört aber auch die Beschreibung der Weltwirklichkeit, also der Dinge der Welt, insofern sie sich auf Gott beziehen. Die Beschreibung und Erfassung der konkreten Verhältnisse, in denen die Menschen sich bewegen, ist aber nicht möglich ohne die Hilfe empirischer Wissenschaften, im konkreten Falle also der Sozialwissenschaften, der Politikwissenschaften und der Ökonomie. Soziologie u. a. werden als Hilfswissenschaften für die Theologie herangezogen. Die Frage lautet also nicht: Was soll ein Christ zu den himmelschreienden Ungerechtigkeiten in der Dritten Welt sagen? Seine Grundfrage ist theologisch ausgerichtet und lautet: Wie kann man von Gott, von Christus, vom Heiligen Geist, von Kirche, Sakramenten, Gnade und ewigem Leben sprechen angesichts von Elend, Ausbeutung und Unterdrückung des Menschen in der Dritten Welt, wenn wir den Menschen begreifen als ein Wesen, das nach Gottes Ebenbild geschaffen worden ist, für den Christus starb, damit er in seinem Leben in allen Bereichen Gott als das Heil und Leben erfahre? Man muß freilich hier vom biblischen Gott ausgehen. Gott ist nicht ein abstraktes Absolutum, das jenseits unserer materiellen Welt und nach der geschichtlichen Zeit uns in der weltlosen Innerlichkeit einer rein geistigen Seele begegnet. Es ist vielmehr der Gott, der Welt und Mensch in der geistig-materiellen Vollzugsweise geschaffen hat und der sich dieser einen Wirklichkeit in Schöpfung, Geschichte und Endvollendung als Leben nahebringt. Gott ist der Gott des Lebens und des Heiles, indem er das Heil und das Leben innerhalb der einen kreatürlichen, gesellschaftlichen und geschichtlichen Welt des Menschen in der geist-leiblichen Einheit des Menschen anbietet und realisiert.

Das Heil bezieht sich also nicht auf eine jenseitige-überzeitliche, transzendent-gegenständlich gedachte Hinterwelt, die gleichsam wie ein zweites Stockwerk über dem Parterre dieser säkularen, profanen und geschichtlichen Welt sich erhebt. Mag – in dieser Perspektive – die profane und diesseitige Welt für den größten Teil der Menschen ein Jammertal sein und für die Minderheit ein Schlaraffenland des Reichtums, so hätte diese Welt mit dem jenseitigen Heil allenfalls so viel zu tun, als sich die unsterbliche Seele durch fromme Übungen und ein moralisches Wohlverhalten die Anwartschaft auf die Glückseligkeit in der jenseitigen Welt sichert. Sünde wäre demnach nur die Vernachlässigung der religiösen Praxis in Gebet und Liturgie und ein moralisches Fehlverhalten durch Übertretung einzelner Gebote, die uns Gott rein formal als Übungsfeld unseres Gehorsams entgegengestellt hat. Sünde wäre also nicht der Widerspruch gegen Gott selbst und Gott, insofern er das Heil und das Leben jedes Menschen will. Dieser Dualismus von diesseitigem Wohl und jenseitigem Heil, von jetziger Verheißung und späterer Erfüllung hat im marxistischen Vorwurf, die christliche Religion sei nur eine Vertröstungsideologie und diene nur der Stabilisierung von Ungerechtigkeit und Ausbeutung in der Gesellschaft, eine geschichtsmächtige Anklage gefunden. Am gewiß partiellen Recht dieses Vorwurfes kann man nicht vorbeigehen, wenn man nun einfach diesseitiges Wohl und jenseitiges Heil addiert. Man bleibt immer noch unter den Voraussetzungen des dualistischen Ansatzes, wenn man hier naiv ein *et... et...* (sowohl... als auch...) als Lösung anbietet, oder wenn man gar durch einen gedankenlosen Trotz meint, dem Marxismus entgegenzutreten mit dem Verweis darauf, daß Leiden doch auch ein Weg zum Heil sei, und daß doch Jesus die Armen im Geiste selig gepriesen und ihnen das Himmelreich verheißen habe. Hier zeigt sich auch die Grenze der klassischen katholischen Soziallehre, ohne daß ihre Verdienste bestritten werden sollen (Vorrang der Arbeit vor dem Kapital, Sozialbindung, Privateigentum an Produktionsmitteln, an Grund und Boden, Zugang aller Menschen zu den materiellen Gütern der Erde, und im Grenzfall sogar Recht auf bewaffneten Widerstand gegen extreme politische Systeme der Ausbeutung und Verletzung der Menschenrechte). Hier kann die Soziallehre nicht grundlegend weiterhelfen, weil sie in einem gewissen Sinn noch einem dualistischen Ansatz verpflichtet ist. Auf der einen Seite steht die natürliche Welt, deren Gesetze und Ordnungen sich einer (ungeschichtlich gedachten) Vernunft erschließen. Und auf der anderen Seite steht die übernatürliche Gnadenordnung. Demnach besorgt der Staat die *temporalia*, wobei die Kirche nur aushilfsweise die Prinzipien und Ziele der Gerechtigkeit und des Wohlstandes für alle formuliert, wobei diese Ziele aber schon der natürlichen Vernunft zugänglich sind, eben ohne erkenntnistheoretischen Rekurs auf den übernatürlichen Glauben und die Hilfe der übernatürlichen Gnade. Der Kirche kommt im eigentlichen Sinn die Aufgabe zu, für die *spiritualia* zuständig zu sein. Um aus der mächtigen Anziehungskraft dieser dualistischen Kategorien, die über Platonismus und Idealismus lange in der christlichen Dogmatik herrschend waren, hinauszukommen, muß man gerade auch in der Denkform beim biblisch-hebräischen Einheitsgedanken ansetzen. Man muß ausgehen von der Erfahrung Gottes als des Urhebers der einen Welt in Schöpfung und in Erlösung und von der personalen Ganzheit des Menschen in seiner geist-leiblichen individualen und sozialen Existenz. Und von daher muß nun die Gesamtthematik der Theologie auch formal neu konzipiert werden. Von daher ergibt sich nun auch ein neues methodisches Verständnis von Theologie. Etwas schematisch wäre die klassische Theologie beschrieben als theoretische Erfassung der Wirklichkeit und auch des konstitutiven Wirkens Gottes in der Welt. Die mehr existential-anthropologisch gewendete Theologie des letzten Jahrhunderts hat gefragt, was Gott, Offenbarung und Gnade für den Menschen seien und was sie für sein Selbstverständnis beitrügen. Die Befreiungstheologie versteht dagegen unter Theologie die aktive, verändernde und damit praktische Teilnahme an dem von Gott eröffneten, umfassenden Befreiungshandeln, durch das er die Geschichte als einen

Prozeß der sich verwirklichenden Freiheit qualifiziert. Diese Teilnahme geschieht im verändernden Handeln, das den Menschen befreit, indem sie ihn zugleich zu einem aktiven Mitgestalter des Befreiungsprozesses macht. Eine adäquate Trennung von Theorie und Praxis, von theoretischer und praktischer Theologie ist nun unmöglich. Theologie erfaßt nicht zuerst theoretisch und gedanklich die Wirklichkeit und versucht dann, in einem nächsten Schritt die Ideen des Glaubens in die konkrete materielle Wirklichkeit umzusetzen. Es geht allerdings auch nicht so, als ob ein gedankenloser Aktivismus gleichsam magisch und mythisch die Wahrheit der Ideen aus sich heraus gebiert. Praxis und Primat der Praxis bedeutet vielmehr eine ganzheitliche Begegnung mit der Wirklichkeit und die Teilnahme am Prozeß ihrer gesellschaftlichen und historischen Realisierung. Indem der Mensch erkennend und verändernd am Prozeß der Wirklichkeit teilnimmt, wird der Intellekt von der Realität bestimmt als dem Prinzip des Erkennens, und es kommt darin auch zu einem Vollzug von Erkenntnis. Dies ist aber nichts anderes als die klassische Verhältnisbestimmung von Glaube und Liebe. Im Glauben läßt der Mensch sich ganzheitlich auf Gottes selbstmitteilende Liebe ein, er vereint sich mit Gott in der Liebe, der die Energie und die Kraft seines Glaubens ist (Gal 5,6) und nimmt an Gottes tätiger und befreiender Liebe zu allen Menschen mithandelnd teil. Eben nur der in der Liebe tätige Glaube und der Glaube, dessen innere Form und Wirklichkeit die Liebe ist, erfährt ganz das Geschenk der Gnade oder im umfassenden gesellschaftlichen und eschatologischen Zusammenhang die Gabe des Reiches Gottes. „Liebe ist Grundlage und Vollendung des Glaubens, der Hingabe an den Nächsten und, damit untrennbar verbunden, an die anderen. Dies ist das Fundament der *Praxis* des Christen und seiner aktiven Präsenz in der Geschichte. Für die Bibel ist der Glaube die Ganzantwort des Menschen an Gott, der aus Liebe rettet. Unter diesem Gesichtspunkt erscheint das verstandesmäßige Durchdringen des Glaubens nicht wie ein Verstehen einer einfachen Behauptung – oder beinahe einer Wiederholung – von Wahrheiten, sondern wie eine Verpflichtung, eine ganzheitliche Haltung und eine Einstellung zum Leben".[3] Die Theologie setzt also nicht mit einem abstrakten und theoretischen Bezug zur Wirklichkeit ein. Der Theologe nimmt verstehend und handelnd am Veränderungsprozeß der Geschichte teil, die eine Geschichte der Befreiung durch Gott ist, und er kommt dann in einem zweiten Schritt reflektierend zu einer geistigen Gesamtkonzeption dieses Vorganges. Teilnahme am Befreiungsprozeß und dessen kritische Reflexion führen in einem dritten Punkt wieder hin zu einer verstehenden Veränderung der Wirklichkeit in Richtung auf das ihr von Gott hin gesetzte Ziel. So ergibt sich für den Vollzug von Theologie ein methodischer Dreischritt: Zuerst nimmt der Christ an Gottes Praxis der Befreiung des Menschen in der Geschichte handelnd, leidend und verstehend teil; zum zweiten kommt er im Lichte des Evangeliums zu einer kritischen und rationalen Reflexion der Praxis, und im dritten Schritt geht er auf eine kritisch reflektierende Veränderung der Wirklichkeit zu. Er hat dabei die Befreiung zur Freiheit der Menschen im endgültigen Reich Gottes im Auge. Daraus ergibt sich eben eine Option für diejenigen, die befreit werden sollen, und die als im Glauben Befreite am Prozeß der Befreiung selber aktiv und bewußt teilnehmen; dies sind aber die Unterdrückten, die Armen und die Elenden. Das Befreiungshandeln Gottes zielt ja hin auf ein Subjektwerden des Menschen. Er empfängt nicht nur passiv die Gabe der Freiheit, er wird sogleich zu einem Mitträger des Befreiungsprozesses. Der Mensch wird darum aus einem bloßen Objekt staatlicher und kirchlicher Betreuung zu einem Subjekt, das aktiv den Befreiungsprozeß trägt und vorantreibt. Gerade auch die Kirche ist nun nicht mehr nur Kirche für das Volk, sondern sie ist Kirche des Volkes. Das Volk Gottes wird selber zum Subjekt, das handelnd die Geschichte vorantreibt auf das Ziel der vollständigen Befreiung hin. Im Sinne des II. Vatikanums ist darum Kirche nicht einfach nur eine Institution, die das Heil verwaltet. Kirche als Ganze (mit ihrer inneren Gliederung in Laien und Hierarchie) wird zum Zeichen und Werkzeug für die Gemeinschaft Gottes mit den Menschen und der Menschen untereinander. Kirche ist aktiv das Sakrament des Reiches Gottes oder des Heils der Welt. Dies ist auch der ursprüngliche Sinn von Basisgemeinden. Basis ist hier nicht im Gegensatz etwa zur Hierarchie gemeint. Es geht darum, daß die Gemeinde als Ganze (mit der inneren Gliederung und Auffächerung in verschiedene Charismen, Dienste und Ämter) zum Subjekt des befreienden Handelns und historischer Praxis der Befreiung wird. Daraus ergibt sich auch die historische Macht der Armen, insofern sie nämlich selber als Subjekte am Geschichtsprozeß teilnehmen und in dem Vollzug der Teilnahme zu Subjekten des Befreiungshandelns werden. Das Neue der Befreiungstheologie besteht also nicht darin, daß sie der Theologie nur ein neues Thema vorgibt oder andere Offenbarungsinhalte anzielt. Das Wesentliche besteht vielmehr in einem neuen Ansatz und in einer neuen Methodik, mit der nun die klassischen Inhalte der katholischen Theologie neu durchkonzipiert werden. „Aus all diesen Gründen müssen wir festhalten, daß die Theologie der Befreiung uns vielleicht nicht so sehr ein neues Thema aufgibt, als vielmehr eine *neue Art*, Theologie zu treiben. Theologie als kritische Reflexion auf die historische Praxis ist also eine befreiende Theologie, eine Theologie der befreienden Veränderung von Geschichte und Menschheit und deshalb auch eine Umgestaltung jenes Teils der Menschheit, der – als *ecclesia* vereint – sich offen zu Christus bekennt. Theologie beschränkt sich dann nicht mehr darauf, die Welt gedanklich zu ergründen, sondern versucht, sich als ein Moment in dem Prozeß zu verstehen, mittels dessen die Welt verändert wird, weil sie – im Protest gegen die mit Füßen getretene menschliche

Würde, im Kampf gegen die Ausbeutung der weitaus größten Mehrheit der Menschen, in der Liebe, die befreit, und bei der Schaffung einer neuen, gerechten und brüderlichen Gesellschaft – sich der Gabe des Reiches Gottes öffnet".[4]

Die Theologie als kritische Reflexion entfaltet sich nun selber in dem Dreischritt von
1. sozialanalytischer Vermittlung,
2. einer hermeneutisch systematischen Vermittlung und
3. einer praktisch pastoralen Vermittlung und Anwendung.

Dabei ist gegenüber mancher Kritik zu beachten, daß die sozialanalytische Vermittlung nicht der eigentlichen Theologie als bloße profan wissenschaftlich-soziologische Theorie vorangestellt wird. Dieser erste Schritt ist schon Teil der Theologie selbst, insofern die Theologie die konkrete soziale Situation schon im Licht der Erfahrung Gottes als des Schöpfers und Befreiers jedes Menschen sieht, wenn dieser erste theologische Schritt nun auch mit Hilfe der sozialwissenschaftlichen Analyse gesetzt wird, aber er bleibt ein streng theologisches Element.

3. Die Befreiungstheologie im Vollzug

Die sozialanalytische Vermittlung

Die Befreiungstheologie geht davon aus, daß unser Gottesverhältnis und unsere Situation in Welt und Gesellschaft zusammengehören. Da der Mensch eine in sich vermittelte geistig materielle Einheit darstellt, ist seine personale Gottesrelation nicht zu trennen von den gesellschaftlichen und sozialen Bedingungen, in denen sich das Menschsein historisch realisiert. Umgekehrt zeigt sich in antagonistischen Sozialverhältnissen auch die Störung des Verhältnisses zu Gott. Unabweisbar erweisen sich darum die gesellschaftlichen Strukturen insbesondere in Südamerika, insofern sie die Mehrheit zu Nicht-Menschen degradieren als Ausdruck und als Folge des Gottesverlustes und damit als ein Hindernis, Gott als den Gott des Lebens zu erfahren. Denn was hier als Unterdrückung, Ungerechtigkeit und Elend existiert, hat mit einer Sozialromantik vom einfachen und bescheidenen Leben nichts zu tun. Armut bedeutet hier einfach nichts anderes als Tod. Wie aber entsteht die massenhafte und todbringende Armut? Armut bedeutet hier nicht einfach das Ergebnis eines individuellen Mißgeschicks oder einer persönlichen Unfähigkeit, das Leben zu meistern, sondern eine strukturelle und unausweichliche Daseinsbedingung, die das Leben der meisten Menschen zerstört. Um hier zu einer ersten Erkenntnis zu kommen, bedarf es einer empirischen Wissenschaft mit einem sozialwissenschaftlichen Instrumentarium. Dabei kommt es auch zu Anleihen bei der marxistischen Analyse der modernen Gesellschaften unter den industriellen und kapitalorientierten Wirtschaftsbedingungen. Es ist keine Frage, daß die Befreiungstheologie mit dem ideologischen Totalitarimus des Kommunismus leninistischer und stalinistischer Prägung nichts zu tun haben will. Man macht sich aber die Einsicht zu eigen, daß es menschliches Dasein außerhalb seiner historischen und gesellschaftlichen Bedingungen nicht gibt, und daß auch die Wahrheitserkenntnis ohne Rücksicht auf den interessenbedingten Standpunkt des Betrachters nicht zu haben ist. Gewiß gibt es im Kommunismus einen materialistischen Ansatz. Aber er ist eigentlich als Gegensatz zum Idealismus gedacht und nicht zu einem Christentum, das in der Anthropologie von einer geistig-leiblichen Einheit des Menschen ausgeht und damit zugleich die geistige Wirklichkeit und ihre Verwirklichung unter materialen Bedingungen des Seins in der Welt ins Auge faßt. Im Unterschied zum Marxismus begreift die Befreiungstheologie den Menschen aber nicht einfach nur als das Produkt und als das Ensemble seiner materiellen Bedingungen. Der Mensch ist vielmehr die von Gott geschaffene und berufene Person, die Subjekt und Träger der Wirklichkeit ist und damit auch Gestalterin der materiellen Bedingungen menschlichen Daseins im ökonomischen und im sozialen Bereich. Wenn Gott den Menschen befreien und damit zum Subjekt seiner selbst machen will, dann gibt es den konkreten Vollzug von Subjektivität und Freiheit nur, wenn die Bedingungen, unter denen sich die freie Subjektivität verwirklicht, verändert werden. Damit muß der Mensch auch zum Subjekt des Veränderungsprozesses in der Geschichte werden. Und indem er am Veränderungsprozeß der Geschichte teilnimmt, schafft er sich zugleich auch die Voraussetzungen zur Teilnahme am Erkenntnisprozeß der Menschheit im Lichte des Evangeliums. Der Gegenbegriff zur Befreiung ist nun Unterdrückung. Unterdrückung entsteht aus Abhängigkeit (Dependenz). Abhängigkeit bedeutet, daß die materiellen Lebensbedingungen so eingeschränkt werden, daß sich die freie Subjektivität des Menschen nicht entfalten kann. Die Strukturen der Abhängigkeit ergeben sich nun aber keineswegs schicksalhaft und naturbedingt. Dies wäre ein falscher Fatalismus, der auf eine gottgewollte Scheidung der Menschheit in Unterdrücker und Unterdrückte, Reiche und Arme, Herren und Sklaven hinausliefe. Die globale Abhängigkeit ist vielmehr Ergebnis eines historischen Vorganges und seiner gegenwärtigen Fortführung. Mit der Kolonisation Südamerikas verschwanden die eigenständigen Kultur- und Wirtschaftsverhältnisse der indianischen Kulturen. (Zu einer rückblickenden romantischen Verklärung besteht hier kein Anlaß, denn obwohl es in den Kulturen der Inkas und Azteken kaum materielle Armut gab, stand es mit der Freiheit der Person nicht zum besten. Denn es herrschte ein rücksichtsloser Staatsabsolutismus.) Lateinamerika wurde nun zum Rohstofflieferanten und Hinterland der wirtschaftlichen Zentren in Europa und Nordamerika. Es besteht eine Wechselwirkung. Die Prosperität des Zentrums bedingt die Abdrängung Lateinamerikas an die Peripherie. Es sind die Wirtschaftssysteme des Merkantilismus und dann des modernen Industriekapitalismus der Zentralstaaten und ihrer Agenten in den übermächtigen multinationalen Konzernen, die eine Marginalisierung der Dritten Welt und eine Verelendung ihrer breiten Volksmassen produzieren. Dabei ändert es im Ergebnis nichts, wenn einzelne Vertreter des industriell-kapitalistischen Komplexes subjektiv guten Willens sind. Es geht hier um die objektiven Gesetzmäßigkeiten, die sich aus der Interdependenz von Zentrum und Peripherie des Wirtschaftssystems in der Welt ergeben. Mag nun auch in den mitteleuropäischen Gesellschaften der Kapitalismus sozialstaatlich domestiziert sein, so bleibt doch die Tatsache, daß sich die Staaten und internationalen Kapitalgesellschaften auf Weltebene noch rein kapitalistisch verhalten nach dem Prinzip einer bedingungslosen Profitmaximierung auf Kosten der Schwachen. Es seien hier nur einige Stichworte genannt: Billiglohnländer, Billigrohstofflieferanten, die Orientierung der landwirtschaftlichen Produktion nicht an den Bedürfnissen der einheimischen Bevölkerung, sondern an Luxusprodukten der Ersten Welt, die Kapitalflucht der einheimischen Nutznießer, die internationale Kreditvergabe zur Schaffung einer Infrastruktur für eine Industrialisierung bei gleichzeitiger Steuerfreiheit ausländischer Investoren. Das Ergebnis ist, daß die Staaten die Kredite mit Zins und Zinseszins mehrfach zurückzahlen müssen, ohne durch Steuergewinn an den einheimischen Industriekomplexen beteiligt zu werden, da deren Gewinne in die ausländischen Muttergesellschaften zurückfließen. Zu nennen sind auch die Zwangsmaßnahmen der Weltbank und des Internationalen Währungsfonds, die diese Staaten zur Kreditrückzahlung zwingen wollen, was nur möglich ist aufgrund von Steuererhöhungen im Inland und dem Wegfall der Subventionierung von Grundnahrungsmitteln, was unmittelbar eine weitere Verelendung bis zum Verhungern der Ärmsten der Armen zur Folge hat. Zu nennen wären auch noch die einheimischen Machteliten und eine Verschleuderung des Staatshaushaltes in unproduktive militärische Aufrüstungen und sinnlose Prestigeobjekte. Diese Ungleichgewichtigkeit zwischen Peripherie und Zentrum ist systembedingt. (Das schließt nicht aus, daß kirchliche und private Hilfsmaßnahmen Ausdruck guten Willens sind und auch eine oft notwendige Soforthilfe darstellen. Eine grundlegende Änderung können sie nicht bewirken.) Es genügt hier auch nicht ein bloßer Appell an den guten Willen der Herrschenden und der Besitzenden. Weil diese Verhältnisse strukturbedingt sind, muß man an die Wurzel der Gesamtmisere gehen und einen globalen Befreiungsprozeß in die Wege leiten.

Die Befreiungstheologie nennt die Struktur, aus der sich Unterdrückung und Ausbeutung ergeben, Kapitalismus. Gemeint ist damit nicht einfach ein Wirtschaftssystem, in dem freies Unternehmertum einen gewichtigen Platz hat. Kapitalismus bedeutet vielmehr die Kombination von Geld und materiellen Machtmitteln in den Händen einer Oligarchie oder auch der internationalen Wirtschafts- und Machtzentren. Als Gegenbegriff verwendet die Befreiungstheologie den Begriff des Sozialismus. Damit ist freilich nicht eine Plan- und Kommandowirtschaft gemeint. Man hat vielmehr hier das Ziel einer aktiven Teilnahme aller Bevölkerungsschichten in den einzelnen Ländern und auch der unterentwickelten Länder am gesamten Weltwirtschaftsprozeß im Auge. Insofern die Machteliten zur Erhaltung des Reichtums und Überflusses, zu Ausbeutung und Unterdrückung breiter Volksmassen gezwungen sind, spricht die Befreiungstheologie in diesem Sinn auch von einem Klassenkampf von oben. Die Gesellschaft wird verstanden als ein Feld der Interessenkonflikte. Insgesamt entwickelt sich die Geschichte nicht aus einer harmonischen Entfaltung ihrer Virtualitäten, sondern durch den

Antagonismus gegensätzlicher Prinzipien und Interessen. Der Gegensatz zwischen der Ersten und der Dritten Welt in der Gegenwart ist dabei freilich nur eine historische Ausgestaltung des allgemeinen, die Geschichte durchziehenden Antagonismus. Tiefer gesehen spiegelt sich auf der Ebene der gesellschaftlichen und historischen Situation der letzte Gegensatz der Geschichte, die die Theologie als eine Auseinandersetzung zwischen Gnade und Sünde begreift. Die Befreiungstheologie will, wenn sie zum Teil marxistisches Vokabular aufgreift, mit der Rede vom Klassenkampf nicht eine Vernichtung der Menschen der einen durch die andere Klasse anzielen. Es geht auch nicht um einen plumpen Rollentausch von Unterdrückern und Unterdrückten, von Ausbeutern und Ausgebeuteten. Christlich gesehen geht es um die Teilnahme am Kampf der Gnade gegen die Sünde und konkret auch um eine Inkarnation des Heils in lebensfördernden Gesellschaftsstrukturen und eine Überwindung der Sünde und ihrer Objektivation in ausbeuterischen Systemen. Denn Gnade und Sünde existieren nicht einfach idealistisch und spiritualistisch rein in sich, sondern immer nur zusammen mit ihrer Verleiblichung und Materialisierung in den menschlichen Lebensverhältnissen. In diesem Sinn spricht die Befreiungstheologie davon, daß Gnade und Sünde jeweils eine unterschiedliche politische Dimension haben. Man könnte vielleicht besser von gesellschaftlicher Dimension reden, insofern man den Begriff politisch in modernen nicht-totalitären Staaten eingrenzen muß auf das Management der freien gesellschaftlichen Kräfte und ihres Zusammenspiels.
Diese Einsicht in die Sozialität von Gnade oder Sünde ist dabei gar nicht so neu, wie es scheint. In der klassischen Gnadenlehre spricht man immer von einer ekklesialen, also auch sozialen Dimension von Gnade und ihrer Verleiblichung in den guten Werken, d.h. eben der aktiven Weltgestaltung. In der klassischen Erbsündelehre ist schon gesagt, daß natürlich ursprünglich die Sünde aus dem

Mißbrauch des freien Willens hervorgeht, der dann aber die Natur des Menschen, d. h. den Gesamtzusammenhang seiner materialen und geistigen Lebensbedingungen, verdirbt. Von der verdorbenen Natur aber her gesehen, ist es klar, daß die Selbsttranszendenz der Person auf Gott und den Nächsten in Glaube und Liebe nun unmöglich wird.[5] Somit versteht sich auch, daß nur von der Person des neuen Menschen (neuer Adam), eben von Christus her, auch die erlöste und befreite menschliche Natur sich neu verwirklichen kann. Weil unsere Natur von den Bedingungen der gottentfremdeten Natur befreit ist, deshalb können wir auch als neue Menschen, die von Gott in Heiligkeit und Gerechtigkeit geschaffen sind, nun als zur Freiheit befreite Personen auch in einer neuen Weise handeln und damit eben am Befreiungshandeln Gottes in der Geschichte teilnehmen.

Die hermeneutisch-theologische Vermittlung

Die Erfahrung der Ausbeutung und die Analyse ihrer historischen und sozialen Bedingungen sind nun im Lichte der Offenbarung zu interpretieren. Die biblischen Zeugnisse zeigen uns Gott als den Schöpfer, der die Geschichte als den Ort seines befreienden Handelns erwählt. Seine Erlösungstat befreit den Menschen nicht von der Geschichte, sondern zur Geschichte als Feld der Verwirklichung der dem Menschen angemessenen materialen Bedingungen seines Vollzugs als geistiger Person. Die Botschaft von der Schöpfung wird interpretiert im Gesamtzusammenhang des historischen Erlösungshandelns. Sie zeigt uns den Ursprung und das Ziel der Gottebenbildlichkeit des Menschen, der als eine personale Wirklichkeit sich immer material, d. h. welthaft und leibhaftig realisiert. Gottes geschichtliches Handeln gegenüber seinem Geschöpf, das in der Sünde von ihm abgefallen ist, steht immer im Zeichen der Erlösung des Menschen und der Befreiung von den selbstproduzierten knechtenden Bedingungen, die ihn an der Gemeinschaft mit Gott und dem Nächsten in der Liebe hindern. Dies zeigt sich biblisch gesehen grundlegend in der Exoduserfahrung. Das Heil liegt nicht einfach in der Innerlichkeit der Seele, die von ägyptischen Peitschen nicht zu treffen wäre. Es wird den unterdrückten Israeliten auch nicht einfach ein besseres, gegenständlich gedachtes Jenseits verheißen. Heil ereignet sich vielmehr im real befreienden Handeln Gottes, in der Herausführung aus der Knechtschaft. Dies ist aber alles andere als eine immanentistische oder horizontalistische Verkürzung. Gottes Befreiungshandeln, das auch die materialen Lebensbedingungen umfaßt, führt hin zum Bund mit Israel. Bund ist das innere Ziel der Befreiung. Befreiung ist die äußere Erscheinung des Bundes, nämlich der persönlichen und gemeinschaftlichen Liebeseinheit der Menschen mit Gott. Gegenüber der geschichtlichen Gestalt der Realisierung des Heiles gibt es also nun tatsächlich eine Transzendenz des Heiles. Aber die Transzendenz des Heiles besteht nicht in einem raum-zeitlichen Jenseits, in einer Welt hinter der Schöpfung. Es gibt nur die eine Schöpfung Gottes, zu der der Mensch in einer unterschiedlichen Weise in Bezug stehen kann. Die Transzendenz des Heiles gegenüber seiner geschichtlichen Realisierung setzt nicht am Punkt unseres individuellen Todes oder am kollektiven Ende der Menschheitsgeschichte an. Dort ereignet sich vielmehr die Vollendung der Transzendenz des Heils, insofern Gott zum absoluten Inhalt unserer personalen Selbsttranszendenz wird (Anschauung Gottes, ewige Liebesgemeinschaft). Zugleich ereignet sich hier aber auch die Vollendung der Immanenz des Heiles, nämlich indem die geschichtlich-sozialen und materialen Gesamtzusammenhänge unseres kreatürlichen Daseins von Gott neu definiert werden (Auferstehung des Leibes, Gemeinschaft der Heiligen, die Schöpfung des neuen Himmels und der neuen Erde). Gott ist also selbst der absolute Inhalt des Heils sowohl in der transzendental-personalen Beziehung des Menschen zu ihm als auch in der Vollendung und Wiederherstellung der materialen Lebensbedingungen des leibhaftig in der Schöpfung existierenden Menschen, wenn freilich auch in einer Weise, die unserer jetzigen, anschaulichen Vorstellung verborgen ist.

Das Heil im Christentum wäre also gerade im neutestamentlichen Sinn durchaus mißverstanden, wenn man es spiritualisieren wollte gegenüber einer angeblich alttestamentlich diesseitigen und materialistischen Sicht des Heiles.

Die Befreiungstheologie zielt nun in ihrer Schriftauslegung besonders auch auf die prophetische Kritik an allem äußerlichen Kult hin, der die Liebe zu Gott und zum Nächsten aus dem Auge läßt. Sie zeigt die besondere Parteinahme Gottes zugunsten der Armen und Ausgestoßenen, dies zeigt sich in der prophetischen Literatur besonders auch beim sogenannten Deutero-Jesaja (Jes 40–55) in der messianischen Verheißung eines Evangeliums für die Armen.

Im Neuen Testament fällt der Blick auf das Reich-Gottes-Handeln, wie es besonders die synoptischen Evangelien vorstellen. Jesus verkündet sein Evangelium für die Armen, die Gefangenen, die Unterdrückten, die körperlich und seelisch Leidenden und Ausgestoßenen. Er ist gekommen für die Sünder und nicht für die Gerechten. Hier läßt sich eine Option Jesu selbst für die Armen feststellen, insofern die Armen Inbegriff der Menschen sind, die in Gott das Heil suchen und die Befreiung von den sie belastenden Verhältnissen. In den Krankenheilungen Jesu zeigt sich exemplarisch der innere Zusammenhang von Heil (die eschatologische Ankunft Gottes im Menschen Jesus als Neuer Bund) und Heilung (als Realisierung des Heils in den leibhaftigen Daseinsbedingungen des Menschen). Die leibliche Heilung ist gleichsam eine Antizipation der eschatologischen Immanenz des Heils. Jesus war gewiß alles andere als ein Sozialreformer oder ein Politagent. Er wollte nicht an den

Symptomen herumkurieren. Er hat umfassend das Reich Gottes gebracht, das nun aber auch die Symptome der Sünde in ungerechten Gesellschaftsstrukturen prinzipiell überwinden will. Denn Jesus war andererseits auch nicht der Künder einer weltlosen Jenseitsmystik oder einer entleiblichenden Aszetik. In Jesu Verkündigung und Wirken haben wir die Einheit des transzendenten und des immanenten Aspekts von Heil. Auch sein Kreuzestod kann keineswegs für eine weltlose, die Schöpfung von der Erlösung abspaltende Religiosität geltend gemacht werden. Jesus ist vielmehr gestorben, um die weltverändernde und befreiende Liebe Gottes auch gegenüber dem Widerstand der Sünder zu beweisen. Der Kreuzestod Jesu hat nun Welt und Geschichte zum Feld der sich durchsetzenden neuen Schöpfung qualifiziert. Deshalb spricht er auch von einem Neuen Bund im Fleisch und Blut Christi. Nicht wer außerhalb der Leiblichkeit und der Weltlichkeit des menschlichen Daseins Christus sucht, findet ihn, sondern wer sein Fleisch ißt, d.h. mit seiner inkarnatorischen Wirklichkeit kommuniziert, der hat auch das ewige Leben und damit die Gemeinschaft mit Gott und somit die Transzendenz des Heiles. Das Kreuz Jesu erweist sich darum als die eschatologische Offenbarung der Option Gottes für die Armen. Gott engagiert sich in einem umfassenden Geschichtsprozeß auf seiten der Unterdrückten, um sie zur Freiheit zu führen und ihnen die Anteilnahme an der Durchsetzung des von Gott für alle Menschen verheißenen Heils zu ermöglichen. In diesem Sinn spricht Gutiérrez zu Recht von der historischen Macht der Armen. Wenn die Armen am Heilsprozeß teilnehmen, treten sie auch in die Geschichte ein und aus ihrer Randlage und Bedeutungslosigkeit heraus. Gott engagiert sich aber auch für die Ausbeuter und die Herrschenden, indem er sie von der Angst befreit, das Leben auf Kosten anderer an sich reißen zu müssen. Er ermöglicht ihnen darum auch eine wahre Freiheit. Gott hat in der Auferweckung Jesu nun uns gezeigt, was Leben eigentlich ist und wie wir Freiheit durch ein Da-Sein-Können für andere in die erfahrbaren Strukturen von Wirklichkeit umsetzen können. Gott erweist sich als Vater aller Menschen, als ihr Bruder in Christus und ihr Freund im Heiligen Geist. Er ermöglicht darum ein Leben in Freiheit, Geschwisterlichkeit und Gleichheit.

Die pastoralpraktische Vermittlung

Die bisherige sozialanalytische Analyse und die theologischen Reflexionen münden nun wieder in die Aktion der Kirche Christi. Kirche kann nur Kirche Gottes sein, wenn sie nicht einfach nur den Bestand und den Einfluß ihrer selbst als Organisation und Institution zum Ziel hat. Sie kann (nach einer Formulierung Dietrich Bonhoeffers) nur Kirche Gottes sein, wenn sie Kirche für andere ist. Sie muß sich im geschichtlichen Befreiungshandeln Gottes engagieren lassen. Im Sinne des Zweiten Vatikanischen Konzils formuliert heißt das: Die Kirche ist Zeichen und Werkzeug für die Vereinigung Gottes mit den Menschen und der Menschen untereinander. Die Kirche steht im Dienst von Gottes Zielsetzung mit der Menschheit in der Geschichte. Die Alternative kann nicht heißen: „Entweder bringt Gott am Ende der Zeit das Reich Gottes allein, oder der Mensch verwirklicht das Reich Gottes, das eben aber damit nur das Reich des Menschen wäre." Auch muß eine quantifizierende Teilung des göttlichen und menschlichen Beitrages am Gesamtergebnis aus gnadentheologischen Gründen ausgeschlossen bleiben. Gottes Gnade und menschliche Freiheit (Handeln) stehen in einem anderen Bezug. Gott teilt sich als Inhalt menschlicher Freiheit mit, und er schenkt sich der Freiheitsbewegung des Menschen als Ziel, auf das sich die menschliche Freiheit auch mit ihrer geschichtlichen und materialen Vollendung dynamisch hinbewegt (Transzendenz des Heils). Damit aber realisiert Gott transzendental und kategorial das Heil in der Geschichte so, daß der

Mensch als Träger der Geschichte und Gestalter von Welt und Gesellschaft nicht ausgeschaltet, sondern engagiert wird (Immanenz des Heiles). Erst wer die Wahrheit tut, lebt in der Gegenwart des Heils, ohne daß er es erst durch sein eigenes Handeln autonom produzieren müßte. Der Gegensatz von Orthodoxie und Orthopraxie, von Wahrheitserkenntnis durch Denken und Wahrheitserkenntnis durch Handeln, von Glaube und Liebe erweist sich damit als überholt. Christliches Dasein und kirchliche Sendung beinhalten notwendig die Teilnahme am eschatologischen und historischen Befreiungsprozeß. Dazu gehören die je neue Feier des Befreitseins in Liturgie und Sakramenten sowie das Bewußtwerden der sozialhistorischen Bedingungen von Unterdrückung und Versklavung. Auch das ist Aufgabe von Predigt, Katechese und Bildungsveranstaltungen, aber auch des öffentlichen Protestes gegen Unterdrückung: die Solidarität mit den Armen und das Subjektwerden des Armen, der sein Schicksal selbst in die Hand nimmt, indem er sein Leben aktiv gestaltet und sich befreit aus den gesellschaftlichen Zwängen. Befreiungshandeln der Armen, ihre Solidarität und damit ihr Klassenkampf bestehen nicht (außer in Extremfällen) in einer bewaffneten Erhebung gegenüber den Ausbeutern. Es geht zunächst um eine Aktivierung in Selbsthilfegruppen, in der Übernahme von politischer und kultureller Verantwortung, in Stadtteilarbeit, in gewerkschaftlicher und parteipolitischer Organisation, um so durch die Macht der Armen eine gesamtgesellschaftliche Veränderung herbeizuführen auch im Hinblick auf die globalen Weltwirtschaftsstrukturen. Auch das Zweite Vatikanische Konzil spricht in diesem Sinne von der Rolle der Kirche, insofern sie in der Teilnahme am gesamthistorischen Prozeß der Menschheit zum Sakrament der Befreiung wird. „Freude und Hoffnung, Trauer und Angst der Menschen von heute, besonders der Armen und Bedrängten aller Art, sind auch Freude und Hoffnung, Trauer und Angst der Jünger Christi" (Gaudium

et spes 1). „Zur Erfüllung ihres Auftrages obliegt der Kirche allezeit die Pflicht, nach den Zeichen der Zeit zu forschen und sie im Licht des Evangeliums zu deuten (...) Es gilt also in der Welt, in der wir leben, ihre Erwartungen, Bestrebungen und ihren oft dramatischen Charakter zu erfassen und zu verstehen (...) Heute steht die Menschheit in einer neuen Epoche ihrer Geschichte, in der tiefgehende und rasche Veränderungen Schritt um Schritt auf die ganze Welt übergreifen. Vom Menschen, seiner Vernunft und schöpferischen Gestaltungskraft gehen sie aus; sie wirken auf ihn wieder zurück, auf seine persönlichen und kollektiven Urteile und Wünsche, auf seine Art und Weise, die Dinge und die Menschen zu sehen und mit ihnen umzugehen. So kann man schon von einer wirklichen sozialen und kulturellen Umgestaltung sprechen, die sich auch auf das religiöse Leben auswirkt" (Gaudium et spes 4).
So zeigt sich bei einer genauen Analyse der Befreiungstheologie, daß sie durchaus in Kontinuität steht mit der klassischen Theologie, aber sie bringt einige Grundzüge, die bisher nur verdeckt mitgelaufen sind, ganz neu zur Sprache im Hinblick auf die konkrete soziale Situation in Lateinamerika, die freilich von der Dominanz der Weltwirtschaftszentren nicht zu trennen ist.

4. Recht und Grenzen einer Kritik an der Befreiungstheologie

Befreiungstheologie wird von nur wenigen Theologen total abgelehnt, sieht man einmal von denen ab, die in Gesellschaft, Staat und zum Teil auch in der Kirche um ihre Privilegien fürchten. Von lehramtlicher und theologischer Seite finden nur einzelne Theorieelemente eine kritische Bewertung, bzw. es werden an manchen Punkten weitere Differenzierungen eingefordert. Innerkirchlich kann es keine Selbstimmunisierung von Regionaltheologien geben (europäische Theologie als Richterin über die Theologien in den jungen Kirchen bzw. auf der anderen Seite die Aussage, Europäer könnten a priori die Befreiungstheologie nicht verstehen). Wenn das der Fall wäre, wäre auch jede Übersetzung von vornherein sinnlos. Im Dialog muß es zunächst um eine Überwindung möglicher Mißverständnisse gehen. Oft scheitert das Gespräch an divers interpretierten Arbeitsbegriffen (Sozialismus, Kapitalismus, Klassenkampf etc.). Aber es ist ein erster hermeneutischer Grundsatz, problematische Aspekte einer anderen Konzeption nicht aus deren eigenem Bezugssystem herauszulösen, um sie derart isoliert auf ihre Implikationen zu untersuchen und die so ermittelten Prinzipien und Konsequenzen als Ziele des Gesamtansatzes zu unterstellen.

Der Hauptangriffspunkt ist immer die sozialanalytische Vermittlung und die teilweise Verwendung des marxistischen Begriffsinstrumentariums (Dependenztheorie, Theorie-Praxis-Schema; Interpretation des Menschen als schöpferischer Gestalter der Geschichte und Subjekt des gesellschaftlichen Prozesses). Grundsätzlich kann am Recht einer empirischen und sozialwissenschaftlichen Analyse des menschlichen Daseins als Ausgangspunkt der Theologie kein Zweifel bestehen. Auch die klassische Theologie beginnt mit einer Darstellung der Situation des Menschen, den sie als Geschöpf, als Begnadeten oder Sünder ins Auge faßt. Die Befreiungstheologie zieht hier nur die Linie aus in die strukturellen Bedingungen des Geschöpfseins in Sünde oder der Gnade. Ob dabei die Dependenztheorie eine Totalerklärung der historischen Situation der Drittweltländer ist, mag dahingestellt bleiben. Gewiß kann man immer auch auf die unüberschaubare Komplexität der Faktoren hinweisen, aus denen sich die gegenwärtige Situation zusammensetzt. Aber diese Komplexität darf nicht zu einem Alibi werden für ein Nichtnachdenken und ein Nichtstun und damit eine Konservierung der bestehenden Verhältnisse. Zumindest existiert in den Ländern des nordamerikanisch-europäischen Weltwirtschaftszentrums keine Alternativtheorie, die die Phänomene und die Fakten der Ausbeutung, Armut und Unterdrückung besser erklären und eine Strategie realer Veränderung in Gang setzen könnte. Natürlich haben alle real existierenden Sozialismen historisch ausgespielt. Die Gültigkeit einzelner soziologischer und ökonomischer Einsichten in das System moderner Industriegesellschaften, wie sie bei Marx zur Sprache gebracht wurden, muß deshalb nicht erloschen sein. Sie sind auch keineswegs untrennbar mit seinem atheistischen Menschenbild verknüpft. Danach wäre der Mensch der souveräne Schöpfer seines eigenen Daseins, und um seiner Freiheit willen müßte er die Existenz eines Schöpfergottes und der umfassenden Wirkung seiner Gnade leugnen. Aber auch der sogenannte historische Materialismus ist nicht eine Schöpfung sui generis. Viele seiner Theorieelemente sind auf ihren Ursprung im jüdisch-christlichen Verständnis von Geschichte und Eschaton hin zu prüfen. Gerade das Christentum hat nicht einfach eine harmonische und evolutive Auffassung der Geschichte. Gnade und Sünde gelten als die antagonistischen Bewegungsgesetze des Geschichtsdramas. Für die Befreiungstheologie finden sie zum gegenwärtigen historischen Zeitpunkt ihre Ausgestaltung auch in dem sozialen Gegensatz von Unterdrückung und Befreiung in Lateinamerika und in der Welt. Ein im Grunde antagonistisches Verständnis des Geschichtsdramas läßt sich ohnehin nur von einem streng theologischen Hintergrund her plausibel machen. Nur eine transzendente Wirklichkeit konstituiert die Geschichte von ihrem Anfang und Ende her. Sie stellt also die Geschichte in ein protologisches und eschatologisches Bezugsfeld. Und nur wo der Mensch als Person im Hinblick auf eine absolute Verantwortung auf Gott, den Ursprung und das Ziel aller Geschichte, begriffen wird, gibt es den Menschen auch als Mitakteur in der Geschichte. Denn der Mensch nimmt sich als Handelnder in seiner Verantwortung erst ernst, wenn er aufgrund der freien Annahme der Gnade in den objektiven Gang der Geschichte einstimmt bzw. durch die Weigerung das Ziel der Geschichte und damit die Vollendung des Menschen in Gott verfehlt.

Man sollte die Befreiungstheologie also nicht pauschal des Marxismus verdächtigen, als vielmehr den Marxismus hinsichtlich der Übernahme und der Säkularisierung von Grundüberzeugungen der christlichen Geschichtstheologie und der Eschatologie untersuchen. Inwieweit es bei der Wiederentdeckung original christlicher Ideen praktikabel ist, belastetes Vokabular des Marxismus zu vermeiden, wäre eine eigene Diskussion wert. Auf jeden Fall unterscheidet sich die Befreiungstheologie vom Marxismus fundamental durch ihren Ansatz bei einer theologischen Anthropologie. Die Befreiungstheologie ist eben Theologie, die freilich zur Entwicklung des theologischen Themas die Wissenschaften der Soziologie, der Politologie und der Ökonomie instrumentell heranzieht.

Gerade auch im Geschichtsverständnis müßte der Verdacht einer horizontal-diesseitigen Heilshoffnung besprochen werden. Denn es besteht die Meinung, die Befreiungstheologie übernehme praktisch die Zielbestimmung eines innerweltlichen Paradieses auf Erden. Sie wendet sich zwar zu Recht gegen einen Dualismus von jenseitigem und zukünftigem Heil einerseits und einem diesseitigen Wohlstand andererseits. Neigt die Befreiungstheologie, wie unterstellt wird, aber ihrerseits zu einem Monismus, in dem unterschiedslos Profangeschichte und Heilsgeschichte, menschliches Tun und göttliche Gnade in eins gesetzt werden? Ist das irdische Wohl (Nahrung, Kleidung, Wohnung, Bildung, Gerechtigkeit und Befreiung) mit ewigem Heil identisch und die Geschichte der Ort ihrer Identität, dann läuft dieser Monismus entweder auf eine Immanentisierung der Heilshoffnung oder auf einen theokratisch-totalitären Anspruch der Promotoren des politisch-sozialen Prozesses hinaus. Um die

Befreiungstheologie hier richtig zu verstehen, wäre ein Blick auf die Nouvelle Théologie der fünfziger Jahre in Frankreich (wo Gustavo Gutiérrez studiert hat) und die gnadentheologische Diskussion in Deutschland (Karl Rahner) hilfreich. Man wollte hier über die doppelte Zielbestimmung des Menschen hinauskommen. Es gibt nicht, wie die Neuscholastik annahm, einerseits eine immanente Vollendung des Menschen und unverbunden damit eine übernatürliche und transzendente Vollendung, die mit der menschlichen Natur an sich gar nichts zu tun hat und die von Gott einfach zusätzlich von außen hinzugefügt wird. Man wollte mit dieser Theorie von der Gnade als bloßem Superadditum der Natur die Freiheit und Ungeschuldetheit der Gnade gegenüber einem eventuellen Anspruch der Natur sichern. Geht man aber wieder, wie Thomas von Aquin, von der einen Zielbestimmung des Menschen aus (desiderium naturale ad videndum Deum), indem nämlich die von Gott auf Gott hin geschaffene Natur allein in Gott ihre Vollendung findet, dann gibt es auch nur das eine Heil in seiner transzendenten und in seiner immanenten Dimension. Dennoch fallen irdisches Wohl und ewiges Heil nicht unterschiedslos zusammen. Das ewige Heil ist Gott selber, der sich dem Menschen mitteilt, gegenwärtig im Leben des Glaubens und vollendet in der Anschauung Gottes. Die irdischen Güter (Freiheit, Menschenwürde, Gerechtigkeit, Überwindung von Hunger und Not) sind Zeichen, Aktualisierungen und Realisierungen des einen Heils im geschichtlichen Weg des Menschen und der Menschheit zum Eschaton hin. Es gibt darum weder eine reine Trennung noch eine platte Identifikation von irdischem Wohl und ewigem Heil. Es handelt sich um eine differenzierte Einheit zweier zusammengehöriger Aspekte, die im geschichtlichen und eschatologischen Feld dynamisch aufeinander bezogen werden und sich wechselseitig erhellen. Dies zeigt sich nun auch an dem Verhältnis von Profangeschichte und Heilsgeschichte. Gewiß ist nicht die Weltgeschichte einfach (wie bei Hegel) die Selbstobjektivation Gottes. Weltgeschichte ist zunächst das Gesamtfeld des dramatischen Ringens der dialektischen Kräfte von Gnade und Befreiung einerseits und Sünde und Unterdrückung andererseits. Aber die Weltgeschichte ist im innersten Kern dennoch Heilsgeschichte, weil Gott als Schöpfer und Erlöser von Welt und Mensch sich selbst als das objektive Ziel der geschichtlichen Bewegung und der menschlichen Befreiungstätigkeit gesetzt hat. Wer darum Partei ergreift für die Befreiung, steht auf der Seite des göttlichen Befreiers. Es geht in der Praxis um die verändernde Anteilnahme am historischen Prozeß in Richtung auf sein transzendentes und immanentes Ziel. Wer im Sinne der Befreiung tätig ist, steht schon an der Seite Gottes, ob er es reflex weiß oder nicht. Mit ihm kann der ausdrücklich glaubende Christ zusammenarbeiten, wenn er auch nicht zusammen mit ihm beten, bekennen und Eucharistie feiern kann, weil die ausdrückliche und reflexe, sich im Glaubensbekenntnis und in der Teilnahme an der Liturgie ausdrückende, personale Relation zu Gott in Christus noch fehlt. Aber mit einem sich als Christen ausgebenden Menschen, der gegen die Befreiung und damit gegen Gottes Liebe agiert, kann er nicht nur nicht zusammenarbeiten, sondern auch nicht gemeinsam bekennen und Eucharistie feiern, weil schwere Sünde nicht nur per legem von der Eucharistie ausschließt, sondern weil die Sünde von der Eucharistie, der Feier von Gnade und Befreiung, dem Inhalt und dem Sinn nach ausschließt. Dennoch hat dies nichts mit einer Klasseneucharistie zu tun, wie inkriminiert wurde. Es soll nicht der zufällig einer anderen sozialen Schicht angehörende Christ ausgeschlossen werden, sondern der aktive und bewußte Ausbeuter und Unterdrücker. Dieser wird im klassischen Sinn des Wortes exkommuniziert. Die Kirche distanziert ihn von ihrer Gemeinschaft, damit er sich bekehre und als Zeichen seiner Umkehr wieder mit der Kirche versöhnt werde, was sich nun in der gemeinsamen Feier der Eucharistie ausdrückt.

Im ganzen kann man Befreiungstheologie also als eine sozial gewendete Nouvelle Théologie (Henri de Lubac) verstehen oder als eine geschichtlich-gesellschaftlich angewendete Gnadentheologie, wie sie von Karl Rahner entwickelt worden ist.
Vor diesem Hintergrund lassen sich auch die Anfrage und die Einwände lösen. Man kann zugleich auch die Verwurzelung der originalen Befreiungstheologie in der biblischen Offenbarung und der großen theologischen und lehramtlichen Tradition der Kirche aufzeigen. Mag sie in der einzelnen Durcharbeitung und Reflexion ihrer Grundlagen auch noch im Stadium der Entwicklung sein, so können doch Schwächen und Ungereimtheiten in medienwirksamen Stellungnahmen einzelner ihrer Vertreter ihre großen Einsichten nicht in Frage stellen. Von den Notwendigkeiten des kirchlichen Lebens her und von der Theologie her muß gesagt werden, daß die Kirche in der Dritten Welt, aber auch die Kirche als Weltkirche auf eine Weiterführung und Anwendung der Befreiungstheologie nicht verzichten kann. Erst durch die Befreiungstheologie hat sich die katholische Theologie weltweit und epochal aus dem dualistischen Dilemma von Jenseits und Diesseits, von irdischem Wohl und jenseitigem Heil bzw. einer monistischen Auflösung des einen Aspektes in den anderen lösen können, einem Dilemma, das der Marxismus nicht hervorgebracht, sondern nur ausgesprochen hatte. Nicht zuletzt darum wäre auch die Befreiungstheologie anzusehen als eine radikale Alternative zum marxistischen Menschenbild und zu der daraus hervorgehenden Geschichtsutopie. Gerade der methodische Anspruch der Befreiungstheologie, bei einer verändernden Praxis anzusetzen, ist nichts anderes als die Neuformulierung des Ursprungsgeschehens von Theologie überhaupt. Zuerst kommt die Nachfolge Christi und von daher auch dann die Formulierung des Bekenntnisses, wer Jesus eigentlich ist.

Mag die Befreiungstheologie in der Konjunktur der Öffentlichkeit an Interesse eingebüßt haben. Hinsichtlich der ungelösten Sachprobleme leistet sie für den verändernden, reflektierenden und pastoralen Dienst der Kirche Christi an der Menschheit einen unentbehrlichen Dienst. Befreiungstheologie ist im regionalen Kontext und für die weltweite theologische Kommunikation unaufgebbar.

Wo werden die Armen schlafen?*

Von Gustavo Gutiérrez

Eine Reihe von Ereignissen der vergangenen Jahre (wirtschaftliche, politische, kulturelle und kirchliche) haben in einem überraschenden Rhythmus das Bild einer völlig neuen Situation entstehen lassen. Sie wurde als Epochenwechsel bezeichnet, auch wenn wir noch nicht die nötige geschichtliche Distanz haben, um sie letztgültig einzuordnen. Aber es besteht kein Zweifel über das bisher noch nie Dagewesene des gegenwärtigen Standes der Dinge.
Es handelt sich um eine Situation, die Anlaß gibt, viele Dinge zu überdenken. Eine große Zahl an Analysen und Empfehlungen, die kürzlich veröffentlicht wurden, haben ihre Gültigkeit verloren, zahlreiche Diskussionen und Präzisierungen jener Zeit geben auf die derzeitigen Herausforderungen keine volle Antwort. Diese Veränderungen zu übersehen würde bedeuten, sich in der Vergangenheit einzuschließen, aus einer Nostalgie heraus zu leben[1] und sich selbst dazu zu verurteilen, mit dem Rücken zu den Menschen von heute zu leben. Es geht dabei nicht um ein leichtfertiges „auf der Höhe seiner Zeit sein", sondern um eine Frage der Ernsthaftigkeit hinsichtlich der Solidarität und Aufmerksamkeit, die wir den Anderen schulden. Im übrigen geht es für einen Christen darum, offen zu sein auf das hin, was der Herr uns durch die geschichtlichen Ereignisse sagen will, die in der Linie Johannes' XXIII. und des Konzils als Zeichen der Zeit gelesen und unterschieden werden müssen.
Eine Untersuchung der Merkmale, die nun diese Epoche ausmachen, drängt sich auf. Das schließt Offenheit und die innere Haltung des Hörens mit ein. Gleichzeitig ist es mit Bezug auf die Aufgabe, das Gottesreich zu verkünden und über den Glauben zu reden, notwendig, die neue Situation

vom Evangelium her zu untersuchen. Ausgehend von der vorrangigen Option für den Armen, einer Frage, die das Mark der Theologie der Befreiung betrifft, werden wir das sehr konkret tun.
Ein kurzer Abschnitt aus dem Buch Exodus kann uns in dieser Hinsicht erleuchten. Unter den Vorschriften, die Mose von Jahwe erhält, um sie an sein Volk weiterzugeben, wird mit einfachen und ausdrucksreichen Begriffen auch die Vorschrift formuliert, daß man sich um den Ort kümmern solle, wo diejenigen schlafen, die keine Decke haben (vgl. Ex 22,26). Der Text lädt uns ein, eine Frage zu stellen, die hilft, das zu sehen, was zum gegenwärtigen Zeitpunkt auf dem Spiel steht: Wo werden die Armen schlafen in der Welt, die in Vorbereitung ist und die in gewisser Weise schon ihre ersten Schritte gemacht hat? Was wird in der Zukunft aus den Bevorzugten Gottes werden?
Wird es in der Welt der technischen Revolution und der Informatik, der „Globalisierung" der Wirtschaft, des Neoliberalismus und der vorgeblichen Postmoderne für diejenigen Platz geben, die heute arm sind und am Rande stehen und versuchen, sich aus den unmenschlichen Bedingungen zu befreien, die ihr Personsein und ihre Stellung als Kinder Gottes mit den Füßen treten? Welche Rolle spielen das Evangelium und der Glaube der Armen in einer Zeit, die gegenüber allen Prinzipien und besonders der menschlichen Solidarität abweisend ist? Was bedeutet es heute, die vorrangige Option für die Armen als einen Weg hin zu einer umfassenden Befreiung zu verfolgen? Es ist klar, daß es uns hier nur möglich sein wird, angesichts der Herausforderungen der Gegenwart mit dem Versuch einer Antwort zu beginnen.

1. Theologie und Verkündigung des Evangeliums

Der Glaube ist eine Gnade. Diese Gabe anzunehmen bedeutet, sich auf die Spur Jesu zu setzen, indem man seine Lehren in die Praxis umsetzt und die Verkündigung des Reiches fortsetzt. Am Ausgangspunkt jeder Theologie steht der Akt des Glaubens. Den Glauben zu denken ist etwas, das spontan im Glaubenden aufkommt, eine Reflexion, die durch den Willen motiviert ist, sein eigenes Glaubensleben mit mehr Tiefe und Treue zu versehen. Das ist aber keine rein individuelle Angelegenheit, der Glaube wird immer in Gemeinschaft gelebt. Beide Dimensionen, die persönliche und die gemeinschaftliche, bezeichnen sowohl den gelebten Glauben als auch den Glauben, der mit dem Verstand erfaßt wird.

Die Aufgabe der Theologie ist eine Berufung, die im Schoß der kirchlichen Gemeinschaft gestiftet und ausgeübt wird. Diese steht im Dienste der Sendung der Kirche, zu evangelisieren. Dieser Ort und dieses Ziel geben ihr Sinn und umschreiben ihre Reichweite.[2] Die Theologie ist ein durch den Glauben begründetes Sprechen über Gott; Gott ist in Wahrheit das erste und das letzte Thema der theologischen Sprache.[3] Viele andere Punkte können von diesem Sprechen berührt werden, aber das geschieht nur in dem Maße, in dem diese Themen ihre Beziehung zu Gott aussagen.

Die theologische Annäherung ist immer ungenügend. Es ist notwendig, bereit zu sein, neue Wege zu gehen, Begriffe zu verfeinern, die Herangehensweise an die Probleme zu verändern. Von daher kommt inmitten der Einheit des Glaubens der Kirche die Vielfalt der Zugänge zu dem Wort, das sich die ganze Geschichte über offenbart. Tatsächlich kann der Glaube nicht mit der einen oder anderen Theologie gleichgesetzt werden, wie eine traditionelle Behauptung lautet. Die verschiedenen Bemühungen, den Glauben verstehend zu durchdringen, sind nützlich und fruchtbar, aber unter der Bedingung, daß sich keine unter ihnen als die einzig gültige vorstellt. Der Sinn und die Reichweite dieser Überlegungen verlangen ein klares Bewußtsein von dem bescheidenen Beitrag, den sie zu den vorrangigen Aufgaben der Kirche liefern können.

Wie schon gesagt wurde, steht die theologische Reflexion zuallererst im Dienste des christlichen Lebens und der Sendung der kirchlichen Gemeinschaft, zu evangelisieren; und dadurch stellt sie auch einen Dienst an der Menschheit dar. Die Kirche ist in der Welt präsent und muß in einer herausfordernden, aber auch die Menschen erreichenden Sprache sowohl die wirkende Anwesenheit des Gottesreiches im Heute des geschichtlichen Werdens als auch sein Nahen in Zukunft und in Fülle verkündigen. Diese Perspektive ist einer der zentralen Punkte des Zweiten Vatikanischen Konzils (vgl. Gaudium et spes 44). In diesem Auftrag spielen der Einsatz der Christen und die theologische Reflexion eine Hauptrolle.

Evangelisieren heißt, in Taten und Worten die Rettung in Christus zu verkünden. Nachdem der Sohn Gottes die Kräfte der Sünde, die den „alten Menschen" beherrschen, durch seine Hingabe bis zum Tod und seine Auferstehung durch den Vater an ihrer Wurzel überwunden hat, ebnet der menschgewordene Gottessohn den Weg für den „neuen Menschen", damit er seine Berufung zur Gemeinschaft mit Gott im paulinischen „von Angesicht zu Angesicht" erfülle (1 Kor 13,12).

Aber gerade weil diese Befreiung von der Sünde ins Herz der menschlichen Existenz geht, dorthin, wo die Freiheit eines jeden die sich schenkende und die erlösende Liebe Gottes annimmt oder ablehnt, entgeht niemand dem rettenden Wirken Jesu Christi. Dieses erreicht alle menschlichen, personalen und sozialen Dimensionen und gibt ihnen ihr Gepräge.

Die Theologien sind notwendigerweise von der Zeit und von dem kirchlichen Zusammenhang geprägt, in dem sie entstehen. Sie sind lebendig, solange die wesentlichen Bedingungen, unter denen sie entstanden sind, weiter gültig sind.[4] Natürlich überschreiten die großen Theologien auf eine gewisse Weise diese Grenzen der Zeit und der Kultur. Weniger bedeutende Theologien, so bedeutungsvoll sie zu ihrer Zeit auch sein mochten, werden eher dem Augenblick und seinen Umständen unterworfen sein. Sicherlich beziehen wir uns mit dieser Aussage auf die besonderen Modalitäten einer Theologie (unmittelbare Anreize, Forschungsinstrumente, philosophische Begriffe und andere), nicht auf die grundlegenden Aussagen, die die geoffenbarten Wahrheiten betreffen. Die Geschichte der Theologie veranschaulicht das, was wir gerade aufgezeigt haben.

Auf der anderen Seite sollte man beachten, daß jede theologische Reflexion trotz ihrer Grenzen und Mängel, ihrer Leidenschaften und Absichten, in einen Dialog mit anderen Versuchen, Einsicht in den Glauben zu nehmen, tritt. Das Eigentliche einer Theologie ist es, den Gläubigen zu helfen, das Bewußtsein hinsichtlich ihrer Begegnung mit Gott und hinsichtlich dessen, was die Frohbotschaft für die christliche Gemeinschaft und für die Welt einschließt, zu erhellen. Jeder tut dies mit seinen Möglichkeiten und Begrenztheiten, er bereichert sich am Beitrag anderer Theologien und trägt zu ihnen bei. Das Wichtigste für einen Glaubensdiskurs ist nicht, auf eine Dauer ausgerichtet zu sein und noch weniger zu überdauern, sondern sein Wasser zu breiteren und wasserreicheren Flüssen zu tragen, zum Leben der Gesamtheit der Kirche.

Aus allen diesen Gründen müssen uns die Leiden und Ängste, Freuden und Hoffnungen der Menschen von heute wie auch die derzeitige Situation des Auftrags der Kirche, zu evangelisieren, mehr als die Gegenwart und die Zukunft einer Theologie interessieren.

In der Perspektive der Theologie der Befreiung

Natürlich gilt das, was über die Funktion des Diskurses über den Glauben im allgemeinen gesagt wurde, auch für die Theologie der Befreiung. Wie jede Einsicht in den Glauben entsteht sie an einem genauen Ort und zu einer genauen Zeit, indem sie auf geschichtliche Situationen eine Antwort zu geben versucht – Zusammenhänge, die gleichzeitig herausfordern und neue Wege für die Aufgabe der Evangelisierung der Kirche einschlagen. Deshalb ist die Theologie von Dauer, insofern sie ein Bemühen um ein Verstehen ist, wie es die Gabe des Glaubens fordert, und gleichzeitig dem Wandel unterworfen, insofern sie Antworten auf konkrete Anfragen und eine gegebene kulturelle Welt gibt.

Ein Kriterium gemäß dem Evangelium

Wie man weiß, war die Theologie der Befreiung, die aus einer intensiven Bemühung im Bereich der Seelsorge entstand, seit ihren Anfängen verbunden mit dem Leben der Kirche, mit ihren Dokumenten, ihrer gemeinschaftlichen Feier, ihrer Sorge um die Evangelisierung und mit ihrem befreienden Einsatz für die lateinamerikanische Gesellschaft, besonders für die Ärmsten ihrer Mitglieder. Die lateinamerikanischen Bischofskonferenzen jener Jahrzehnte (Medellín, Puebla, Santo Domingo), zahlreiche Texte der Bischofskonferenzen einzelner Länder und andere Dokumente stehen für diese Aussage, auch wenn sie uns zu einer kritischen Unterscheidung gegenüber grundlosen Behauptungen und Stellungnahmen einladen, die einige aus dieser theologischen Perspektive ableiten wollten.
Vom Ziel des Themas aus gesehen, das wir auf diesen Seiten angehen wollen, würden wir gerne den Nachdruck auf einige Aspekte legen, die den Beitrag des Lebens und der Reflexion der gegenwärtigen Kirche in Lateinamerika im Hinblick auf kommende Zeiten betreffen.

Uns scheint, daß sich ihr grundlegender Beitrag um die sogenannte vorrangige Option für die Armen dreht. Diese Option ist der Oberbegriff für das viele Engagement, das die Kirche in diesen Jahren geleistet hat. Unter diesem Begriff werden das Engagement wie auch die theologischen Reflexionen, die mit ihm verbunden sind, vertieft und gegebenenfalls korrigiert. Die Option für den Armen entspricht von Grund auf dem Evangelium. Sie ist ein wichtiges Kriterium des Evangeliums und wirkt in den sich überstürzenden Ereignissen und geistigen Strömungen unserer Tage wie ein Filter.

Die von Johannes XXIII. vorgeschlagene Vorstellung von der „Kirche aller und im besonderen Kirche der Armen"[5] ist in Lateinamerika und in der Karibik auf fruchtbaren Boden gefallen. Unser Kontinent ist der einzige gleichzeitig hauptsächlich christliche und arme Kontinent. Die Anwesenheit einer massenhaften und unmenschlichen Armut führte dazu, sich nach der biblischen Bedeutung der Armut zu fragen. Um die Mitte der sechziger Jahre wird im theologischen Bereich die Unterscheidung zwischen drei Bedeutungen des Begriffs Armut formuliert: a) die *tatsächliche* Armut (oft materiell genannt) als ein ärgerniserregender Zustand, den Gott nicht wünscht; b) die *geistliche* Armut, als geistliches Kindsein, deren einer Ausdruck – es ist nicht der einzige – die Entäußerung gegenüber den Gütern dieser Welt ist; c) die Armut als *Verpflichtung:* Solidarität mit dem Armen und Protest gegen die Armut.

Medellín übernahm mit Autorität diese Unterscheidung (Medellín, Pobreza 4), so daß sie eine enorme Tragweite im Umfeld der lateinamerikanischen Kirche und darüber hinaus erhielt. Diese Einstellung inspirierte den Einsatz und die Reflexion vieler christlicher Gemeinschaften und verwandelt sich in die Grundlage dessen, was im Umfeld von Puebla und in den Texten dieser Bischofskonferenz mit der Wendung: *vorrangige Option für die Armen* ausgedrückt wird. Tatsächlich begegnen uns in den drei Begriffen von diesem Ausdruck nacheinander die drei in Medellín unterschiedenen Auffassungen. Später sollte die Konferenz von Santo Domingo diese Option bestätigen, an der wir uns bei „jeder Tätigkeit im Sinne gemeinschaftlicher und persönlicher Evangelisierung" orientieren sollen (Santo Domingo 178).

Die genannte Option greift eine durchgehende biblische Linie auf und ruft sie, die auf die eine oder andere Weise immer in der christlichen Welt vorhanden war, in Erinnerung.[6] Gleichzeitig gibt ihr die vorliegende Formulierung unter den derzeitigen Umständen neue Kraft, sie hat ihren Weg genommen und begegnet in universellen kirchlichen Lehräußerungen. Johannes Paul II. hat sich bei zahlreichen Gelegenheiten auf sie bezogen, nur zwei Erwähnungen seien aufgeführt. In „Centesimus annus" bestätigt er, daß man bei einer Relecture von „Rerum novarum" im Licht der zeitgenössischen Wirklichkeiten beobachten kann, daß der Inhalt der Enzyklika „ein sprechendes Zeugnis für die Kontinuität dessen in der Kirche, was man heute ‚die vorrangige Option für die Armen' nennt", ist (Centesimus annus 11).[7] Und in dem Schreiben „Tertio millennio adveniente", das von besonderem Interesse für unser Thema ist, wird eingedenk der Tatsache, daß Jesus kam, um den Armen die Frohbotschaft zu bringen, mit Bezug auf Matthäus 11,5 und Lukas 7,22 gefragt: „Wie sollte man nicht auf entschiedenste Weise die vorrangige Option der Kirche für die Armen und die an den Rand Gedrängten unterstreichen?" (Tertio millennio adveniente 51).

Vorrang und Sich-Schenken

Die Thematik der Armut und der Marginalisierung lädt uns ein, von der Gerechtigkeit zu sprechen und die diesbezüglichen Verpflichtungen des Christen im Bewußtsein zu behalten. Wahrlich, so ist es, und diese Einstellung ist zweifelsohne fruchtbar. Aber man darf das, was die vorrangige

Option für die Armen zu einer derart zentralen Perspektive macht, nicht aus den Augen verlieren. An der Wurzel dieser Option steht das Sich-Schenken der Liebe Gottes. Das ist das tiefste Fundament dieses Vorrangs.[8]
Der Begriff des Vorrangs selbst lehnt jede Ausschließlichkeit ab und versucht herauszuarbeiten, wer die ersten – nicht die einzigen – Adressaten unserer Solidarität zu sein haben. Um den Sinn des Vorrangs zu erörtern, gilt in unserer theologischen Reflexion häufig der Satz, daß die große Herausforderung in der Notwendigkeit besteht, gleichzeitig an der Allumfassendheit der Liebe Gottes und an seiner besonderen Liebe zu den Letzten der Geschichte festzuhalten. Nur auf einem dieser Extreme zu beharren, bedeutet die Botschaft des Evangeliums zu verstümmeln.
Es ist wichtig, daß in einem letzten Schritt die Option für den Armen eine Option für den Gott des Reiches ist, das Jesus uns verkündigt. Der endgültige Grund für den Einsatz für die Armen und Unterdrückten liegt folglich nicht in der Gesellschaftsanalyse, derer wir uns bedienen, auch nicht in der direkten Erfahrung, die wir mit der Armut machen können, oder in unserem menschlichen Mitleid. All dies sind gültige Begründungen, die zweifelsohne eine bedeutsame Rolle in unserem Leben und in unseren Beziehungen spielen. Dennoch baut dieser Einsatz für die Christen grundlegend auf dem Glauben an den Gott Jesu Christi auf. Er ist eine *theozentrische Option* und eine prophetische Option, die ihre Wurzeln in das Sich-Schenken der Liebe Gottes schlägt und von ihr gefordert wird. Und wie wir wissen, gibt es nichts Forderndes als das Sich-Schenken (vgl. Phlm 21).
Der Arme soll den Vorrang erhalten, nicht weil er vom moralischen oder religiösen Standpunkt aus notwendigerweise besser wäre als andere, sondern weil Gott Gott ist. Die ganze Bibel ist durchdrungen von der Vorliebe Gottes für die Schwachen und Mißhandelten der menschlichen Geschichte. Sie offenbaren uns in großer Deutlichkeit die

Seligpreisungen des Evangeliums, sie sagen uns, daß die Bevorzugung der Armen, Hungernden und Leidenden ihr Fundament in der sich verschenkenden Güte des Herrn hat.[9] Die vorrangige Option für den Armen ist deshalb nicht nur eine Norm für die Seelsorge und eine Perspektive der theologischen Reflexion, sie ist auch und an erster Stelle eine geistliche Gangart, im starken Sinn dieses Ausdrucks: eine Beschreibung des Wegs zur Begegnung mit Gott und dem Sich-Schenken seiner Liebe, ein Wandeln „vor dem Herrn im Land der Lebenden" (Ps 116,9). Wenn die Spiritualität diesen Punkt, die Nachfolge Jesu, nicht erreicht; das heißt das Herz des christlichen Lebens, ist die Reichweite und Fruchtbarkeit der genannten Option nicht wahrzunehmen.

Ein Philosoph von tiefer biblischer (und talmudischer) Verwurzelung hat ein Denken, konkreter noch eine Ethik (für ihn die Erste Philosophie) entwickelt, die vom Anderssein, die unsere Erwägungen erhellen kann. Wir spielen auf E. Lévinas an.[10] „Die Bibel", sagt er uns, „ist die Priorität des Anderen im Verhältnis zu mir." Was von jeder Person gilt, wird radikalisiert, wenn es sich um den Armen handelt: „in den Anderen", fährt Lévinas fort, „sehe ich immer die Witwe und die Waise. Immer gehen die Anderen vor".[11] Die Witwe, der Waise und der Fremde konstituieren die Dreiheit, die in der Bibel für den Armen steht. Daß der Andere den Vorrang hat, ist etwas, das zu seiner Verfassung als anderer gehört, das muß auch noch dann so sein, wenn der Andere mich übersieht oder mir mit Gleichgültigkeit gegenübersteht. Nicht um eine Frage der Gegenseitigkeit geht es, wir stehen vielmehr vor einem Primat des Anderen, worauf das folgt, was unser Autor die Disymmetrie der interpersonalen Beziehung oder die ethische Asymmetrie nennt.[12] Theologisch würden wir sagen, daß, wenn der Andere und – besonders anspruchsvoll – der Arme Vorrang haben müssen, dann aus dem Geschenktsein heraus – weil es notwendig ist, zu lieben, wie Gott liebt. Geben also nicht

als Vergütung dessen, was man erhalten hat, sondern weil man liebt. „Gott hat uns zuerst geliebt", sagt uns Johannes (1 Joh 4,19). Christsein bedeutet, auf diese Initiative eine Antwort zu geben.
Eine anspruchsvolle Ethik, wie sollte man das bezweifeln? Die Beziehung zum anderen gewinnt für den Christen darüber hinaus an Tiefe, wenn man sich des Glaubens an die Menschwerdung und seiner Ausstrahlung bewußt ist.[13] Die Bibel betont die Verbindung zwischen der Gottes- und der Nächstenliebe, auf verschiedene Weisen sagt sie uns, den Armen zu mißhandeln bedeutet Gott zu verletzen (Anm. d. Übers. „Was ihr dem geringsten meiner Brüder getan habt, das habt ihr mir getan"; Mt 25,40). Dieser Grundzug zieht sich durch die Evangelien und hat seinen Höhepunkt in dem Matthäustext vom Weltgericht (Mt 25,31–46). Das Verhalten gegenüber dem Armen ist eine Handlung, die sich an Christus selbst richtet. Wie es in Puebla heißt, müssen wir in den „sehr konkreten Antlitzen" der Armen „die leidenden Züge Christi, des Herrn, der uns anfragt und anruft", wiedererkennen (Puebla 31).[14] Das christliche Leben bewegt sich zwischen Gnade und Forderung.
Diese zutiefst biblische Wahrnehmung hält die Unterscheidung zwischen Gott und dem Menschen deutlich aufrecht, trennt sie aber nicht. Der Einsatz für den Armen beschränkt sich nicht auf den gesellschaftlichen Raum der Gegenwart, sondern die genannte Solidarität schließt einen zutiefst geistlichen Inhalt und ein christologisches Fundament mit ein und zwar als etwas Grundlegendes. Der Einsatz für den Armen hat eine enge und unauflösliche Beziehung mit den grundlegenden Wahrheiten unseres Glaubens. Nur vor diesem Hintergrund läßt sich die Bedeutung der vorrangigen Option für den Armen hochschätzen. So haben viele Christen in Lateinamerika diese vorrangige Option gelebt und leben sie. Daraus geht ein fruchtbares Hauptkriterium hervor, um die gegenwärtige Zeit vom Glauben her zu verstehen.[15]

2. Einer globalen Wirtschaft entgegen

Ein häufiges Thema dieser Zeit ist die sogenannte „Globalisierung" der Wirtschaft. In den vergangenen Jahrhunderten haben die Menschen auf ihrem Weg bereits angenommen, daß die Welt eins sei, aber heute verstärkt sich dieser Zug.

Ein faszinierendes und grausames Jahrhundert

Kürzlich sagte Enrique Iglesias, Präsident der „Interamerikanischen Entwicklungsbank" (BID), daß unser Jahrhundert „ein faszinierendes und grausames Jahrhundert" sein werde. Wie alle etwas paradoxen Sätze scheint uns dieser fragwürdig und anziehend. Wenn wir uns die Mühe machen, ihn näher zu betrachten, offenbart er uns dennoch die tragische Wirklichkeit, die er ausdrückt.
Tatsächlich hat dank der außerordentlichen Entwicklung der Wissenschaft und der Technik eine faszinierende Epoche begonnen: mit Möglichkeiten der Kommunikation (oder wenigstens der Information) zwischen Menschen, wie sie die Menschheit niemals kannte, und mit einer Fähigkeit, die Natur zu beherrschen, die die Grenzen unseres Planeten überwindet und das, was bis vor kurzem noch Science-fiction schien, zur Wirklichkeit macht. Dazu zählen auch Möglichkeiten des unbegrenzten Verbrauchs und leider auch ein Vernichtungspotential, das das ganze Menschengeschlecht in Mitleidenschaft ziehen kann. Als Menschen und als Gläubige können wir diese Fortschritte nur schätzen und bewundern, trotz der großen dunklen Wolken, die ebenfalls am Horizont auszumachen sind.
Dessen ungeachtet wird aus der heutigen Perspektive die Zukunft ganz konkret faszinierend sein für die Menschen, die einen gewissen gesellschaftlichen Standard erreicht haben und die an der Spitze der technologischen Erkennt-

nis partizipieren. Die im Besitze dieser Möglichkeiten sind, haben die Tendenz, eine internationale Schicht zu bilden, die in sich selbst verschlossen ist und jene vergißt – einschließlich derer, die mit ihnen im selben Land leben –, die nicht Mitglieder ihres Clubs sind.
Diese letzteren sind die Armen. Sie werden hauptsächlich mit dem Adjektiv „arm" identifiziert. Tatsächlich wird für die „Unbedeutenden" der Geschichte das kommende Jahrhundert schrecklich werden. Ihre Armut und ihre Randständigkeit werden – wenn wir uns nicht übermäßig um Solidarität bemühen – zunehmen, es wird größeres Elend geben, und diejenigen, die in ihm leben, werden zahlreicher sein, wie dies alle Indizes der diesbezüglichen internationalen Organisationen belegen.
Mit anderen Worten: Die unmittelbare Zukunft wird wahrlich nicht für dieselben Personen faszinierend und grausam sein. Das macht die Herausforderung unserer Zeit dringlicher und den Anruf an den Glauben an den Gott Jesu Christi, der alle liebt und aufruft, die Kleinsten zu beschützen, größer.

Ein bedingungsloser Markt

Wir leben in einer Epoche, die immer mehr von der liberalen oder, wenn man so will, neoliberalen Wirtschaft beherrscht wird. Der schrankenlose Markt, der sich aus eigenen Kräften regeln soll, ist dabei, zum beinahe uneingeschränkten Grundsatz des wirtschaftlichen Lebens zu werden. Vertreter des berühmten und klassisch gewordenen Wortes vom „Laissez faire" aus den Ursprüngen der liberalen Wirtschaft behaupten heute weltweit – zumindest in der Theorie –, daß jeglicher Eingriff der politischen Macht, um den Markt zu regulieren und auch den sozialen Notwendigkeiten entgegenzukommen, auf Kosten des Wirtschaftswachstums gehe und allen zum Schaden gereiche. Wenn es Schwierigkeiten in der Wirtschaft gibt, sei die einzige Lösung deshalb ein Mehr an Markt.

Nach einigen schicksalhaften Wechselfällen[16] hat die liberale Welle in der vergangenen Zeit wieder Anlauf genommen und wächst grenzenlos. Die großen transnationalen Unternehmen, das dominierende Element in der gegenwärtigen Wirtschaftsordnung, und die reichen Länder üben Druck auf die ärmsten aus, damit sie ihre Märkte öffnen, ihre Wirtschaft privatisieren und das zu Ende führen, was man als strukturelle Anpassungen bezeichnet. Die internationalen Organisationen (Weltbank, Internationaler Währungsfonds) sind wirkungsvolle Vertreter dieser Integration der schwachen Wirtschaften in den einzigen Markt gewesen. Das Bewußtsein von der gegenseitigen Abhängigkeit als solcher kann viel Positives an sich haben, aber ihre derzeitige Form drückt eine Asymmetrie aus, die die bestehenden ungerechten Ungleichheiten unterstreicht.[17] Das Hauptelement in der Globalisierung ist das Finanzkapital, das über die Welt huscht: auf der Suche nach neuen und größeren Gewinnen und mit unglaublicher Beweglichkeit alle Grenzen überschreitend. Die Grenzen der nationalen Wirtschaften, auch die der großen Länder, verschwimmen.[18]

Ein Aspekt dieser Globalisierung, für die armen Länder einer der schmerzlichsten und brennendsten, ist der der Außenschulden, die die Schuldnernationen in Unterwerfung und Unterdrückung halten. Wenn diese Angelegenheit nicht bald eine angemessene Lösung findet, gibt es kaum eine Möglichkeit, daß die armen Länder der Situation entkommen können, in der sie sich gegenwärtig befinden.[19]

Verschiedene Faktoren haben in den Prozeß eingegriffen, der zu diesem Ergebnis geführt hat. Zwei davon seien erwähnt. Auf politischer Ebene war es der Zusammenbruch des autoritären Sozialismus. In Rußland und den Ländern des Ostens lehnte er es ab, die Komplexität der Dimensionen des Menschen zu sehen und verletzte systematisch das Recht auf Freiheit, zweifelsohne folgenreich.[20] Von einer bipolaren Welt sind wir zu einer unipolaren Welt, eher im Politischen und Militärischen als im Wirtschaftlichen, übergegangen. Der andere Faktor, der einen längeren Atem hat, ist die Rolle des technologischen Wissens (neue Materialien, neue Energiequellen, Biotechnologie); die Informatik ist eine der dynamischsten Quellen dieses Wissens.[21] Dieser Punkt hat bemerkenswerte Veränderungen im Produktionsprozeß mit sich gebracht. Darüber hinaus zeigt sich immer deutlicher, daß im Wirtschaftsleben heute das Wissen der wichtigste Pfeiler für die Akkumulation ist. Die Fortschritte auf diesem Gebiet haben es ermöglicht, auf das Gaspedal der bereits entfesselten Ausbeutung – und Verwüstung – der natürlichen Ressourcen des Planeten, die ein gemeinsames Erbe der Menschheit sind, zu drücken. Das hat in unseren Tagen den Ernst der ökologischen Frage zum Vorschein gebracht.

Mit seinen Erfolgen und Zwängen, seinen Fortschritten und Schrecken, seinen Möglichkeiten und seiner Vergessenheit hat sich das zeitgenössische Panorama der Wirtschaft und der Sozialstruktur in den vergangenen Jahren mit schwindelerregender Schnelligkeit verändert, wie es das in Jahrhunderten nicht getan hatte. Die neue Situation ruft nach einer Erneuerung der Untersuchungsmethoden, die es erlauben sollen, sich der Vielgestaltigkeit der Faktoren bewußt zu werden, die in die gesellschaftliche und wirtschaftliche Verwobenheit unserer Zeit hereinspielen.[22] Sie ruft uns aber auch dazu auf, sie von einer christlichen Ethik und einer theologischen Reflexion aus im Hinblick auf eine notwendige Unterscheidung zu betrachten.

Ethik und Wirtschaft

Hat die Ethik und ganz konkret die christliche Ethik der Welt der Wirtschaft etwas zu sagen?

Die Frage hätte im 16. Jahrhundert keinen Sinn gehabt. Die überraschten Moraltheologen der Epoche (Francisco de Vitoria unter anderem), die sich mit den Fragestellungen beschäftigten, die der entstehende Kapitalismus aufwarf (manchmal wurde er als merkantilistischer Kapitalismus bezeichnet), hätten wohl gesagt, daß die Frage positiv zu beantworten sei. Noch im 18. Jahrhundert finden sich philosophische und ethische Abhandlungen der Klassiker der Wirtschaftslehre, die sich in das neue Feld zwischen Ethik und Wirtschaft hineinbegeben.
Aber allmählich tendiert die entstehende Disziplin dazu, sich dem Vorbild und der Vernunftdurchdrungenheit der Naturwissenschaften anzupassen, und beginnt, ihre Eigengesetzlichkeit hinsichtlich der Politik einzufordern. Sie gibt selbst vor, diese zu ersetzen, weil man denkt, daß sich alles, was für das Leben in der Gesellschaft wichtig ist, im Bereich der Wirtschaft abspielt. Wenn wir die aktuelle Situation der politischen Welt bei diesem Thema bedenken, müssen wir in dem Punkt übereinstimmen, daß sich dies in den Augen der meisten Bürger so verhält. Die Politik verwandelt sich immer weiter in ein Szenario, in dem sich bedeutungslose Dinge abspielen. Von daher rührt ihr wachsender Ansehensverlust in der Welt von heute, gewiß einschließlich Lateinamerikas und der Karibik.
Aber es geht um mehr, die moderne Wirtschaft fordert die moralischen Normen heraus, die allgemein und nicht nur in den Kreisen, die wir traditionell nennen können, akzeptiert sind. Neid, Egoismus, Habsucht werden zum Motor der Wirtschaft; die Solidarität und die Sorge um die Ärmsten werden im Gegenzug als Hemmnisse für das Wirtschaftswachstum angesehen und sind schließlich unzweckmäßig, um eine Wohlstandssituation zu erreichen, von der eines Tages alle profitieren könnten.
Einige scharfsinnige Wirtschaftswissenschaftler liberaler Tradition waren sich dieses Werteumsturzes bewußt, aber sie akzeptierten ihn, da sie in ihm etwas Notwendiges und

Unausweichliches sahen. Das ist der Fall bei J. M. Keynes, der in einem Text aus den Jahren 1928 bis 1930 mit haarsträubender Deutlichkeit bestätigte: „Wenn die Akkumulation von Wohlstand nicht länger von hoher sozialer Bedeutung ist (...) sollten wir in der Lage sein, uns von vielen pseudo-moralischen Prinzipien zu befreien, die uns 200 Jahre lang schikaniert haben (...) Die Liebe zum Geld als Besitz (...) wird als das anerkannt werden, was es wirklich ist: eine etwas ekelhafte Krankhaftigkeit."[23]

Keynes denkt, daß der Augenblick kommen wird, in dem es uns möglich sein wird, die Dinge beim Namen zu nennen und zu sagen, „daß die Habsucht ein Laster, daß das Eintreiben von Wucherzinsen ein Vergehen und daß die Liebe zum Geld abscheulich ist". Aber mit einer entzauberten und beunruhigenden Resignation behauptet er: „Aber Achtung! Wir sind noch nicht so weit. Für mindestens weitere hundert Jahre müssen wir uns und jedem anderen gegenüber so tun, als ob gut böse und böse gut sei." Der Grund für diese Vertauschung der Werte wurzelt in der Tatsache, daß „böse nützlich ist und gut nicht. Der Geiz, der Wucher und die Vorsorge müssen noch für einige Zeit unsere Götter sein. Tatsächlich können nur sie uns aus dem Tunnel der wirtschaftlichen Notwendigkeit ans Tageslicht führen".[24]

Das Zitat war etwas ausführlich, wir entschuldigen uns dafür, aber es ist sehr erhellend für die kurzgesagt schwierigen Beziehungen zwischen Ethik und Wirtschaft nach dem Urteil eines der größten Wirtschaftswissenschaftler unserer Zeit. Nicht alle liberalen Denker, auch wenn Keynes als ein Gemäßigter unter ihnen gilt, haben seinen Scharfblick und seine Freimütigkeit; sie nehmen eher ohne Umschweife die Haltung ein, die aus den Erfordernissen einer Wirtschaft hervorgeht, welche durch eine aggressiv individualistische Einstellung geprägt ist.

Das Thema ist nicht neu, es ist bei vielerlei Gelegenheiten angegangen worden, die große Zahl an Untersuchungen zu diesem Thema sind ein Beweis für die Bedeutung einer grundlegenden Behandlung der Wirtschaft aus ethischer und theologischer Perspektive, und zwar ganz konkret ausgehend von der vorrangigen Option für den Armen. Sicherlich muß man die Autonomie respektieren, die einer Disziplin eigen ist, die strengstmöglich das Feld der wirtschaftlichen Aktivitäten zu erforschen sucht. In dieser Hinsicht hat es in der Vergangenheit viele ungebührliche Kreuzungen gegeben, und es ist notwendig, aus dieser Erfahrung zu lernen. Aber das bedeutet nicht, daß die Wirtschaft ein völlig von der Existenz losgelöster Bereich wäre, genausowenig wie sie deren Kern oder deren Ganzheit wäre. Die wirtschaftliche Bewegung muß notwendigerweise im Zusammenhang mit dem menschlichen Leben im ganzen und im Licht des Glaubens gesehen werden. Das Kriterium der unmittelbaren Wirksamkeit ist nicht das letztgültige.

„Populorum progressio" entwarf schon 1967 die Notwendigkeit einer „wahren Entwicklung" (Populorum progressio 20–21). Indem Johannes Paul II. zugleich überlieferte Elemente der kirchlichen Soziallehre aufnahm und zu den biblischen Wurzeln ging, setzte er mit Nachdruck den Eckstein einer christlichen Einstellung: den Vorrang des Menschen gegenüber den Dingen, woraus die Priorität der Arbeit im Verhältnis zum Kapital hervorging (vgl. Laborem exercens, passim; dieses Konzept war bereits in Redemptor hominis 16 vorgestellt worden[25]).

Wie wir schon gesagt haben, vervielfältigen sich heute und kommen von ganz unterschiedlichen Seiten die Arbeiten über ethische Regeln, die für die wirtschaftlichen Aktivitäten vonnöten sind, und über die Umkehrung religiöser Werte, welche sich in speziellen Rechtfertigungen jener Wirtschaft ausdrückt, die auf die ungezügelten Kräfte des Marktes ausgerichtet ist. Anerkannt werden die Werte der Freiheit, die persönliche Initiative, die Möglichkeiten, die der Menschheit technische Fortschritte eröffnen, und

obendrein die Funktion, die der Markt innerhalb bestimmter Parameter erfüllt. Entschieden jedoch lehnt man die Logik eines Marktes ab, der sowohl durch seinen Drang zur Vereinheitlichung als auch durch die neuen gesellschaftlichen Brüche, die er hervorruft, Menschen, Völker und Kulturen unterwirft. Diskutiert wird auch die Heuchelei eines wirtschaftlichen Liberalismus, der den Diktaturen und Totalitarismen gegenüber nicht gerade zimperlich ist und mit Leichtigkeit die wirtschaftliche Freiheit von anderen Freiheiten loslöst.[26]
Eine wichtige Aufgabe für die theologische Reflexion auf diesem Gebiete ist es zu zeigen, welche „Strukturen der Sünde" (Sollicitudo rei socialis 36) es in der derzeitigen Wirtschaftsordnung gibt: das heißt, welche Elemente eines Bruchs der Freundschaft mit Gott in den sozio-ökonomischen Strukturen gegenwärtig sind, die ungerechte Ungleichheiten zwischen den Menschen schaffen und aufrechterhalten. Die Sünde, durch eine einfache gesellschaftliche Analyse nicht zu erfassen, ist für eine christliche Reflexion tatsächlich die Wurzel aller gesellschaftlichen Ungerechtigkeit. Eine besondere Aufmerksamkeit müssen die götzendienerischen Elemente des Primats des Gewinnes, die im Handeln und seinen Rechtfertigungen stecken, und die des absoluten Marktes verdienen.
In diesem Zusammenhang interessiert uns ganz besonders die Frage noch dem Ausschluß der Ärmsten, die für das vorherrschende Wirtschaftssystem bedeutungslos sind. Der folgende Abschnitt ist diesem Punkt gewidmet.

Zur Bedeutungslosigkeit bestimmt

Das Evangelium nach Lukas stellt uns vor ein in die Thematik einführendes Gleichnis, an dem in diesem Moment allein von Interesse ist, sich zweier kurzer Sätze zu erinnern: „Es war einmal ein reicher Mann (...) Vor der Tür des Reichen aber lag ein armer Mann" (Lk 16,19.20).

Das ist die Situation der Menschheit heute. Die armen Nationen liegen an der Seite der reichen Nationen, von jenen übersehen; man muß jedoch hinzufügen, daß die Kluft zwischen beiden immer größer wird. Dasselbe spielt sich im Inneren eines jeden Landes ab. Die Weltbevölkerung verteilt sich zunehmend auf die beiden Seiten des wirtschaftlichen und sozialen Spektrums.

Auf der anderen Seite hat der Arme im lukanischen Text überraschenderweise einen Namen: Lazarus; der Reiche und Mächtige dagegen hat keinen. Die gegenwärtige Situation ist umgekehrt, die Armen sind anonym und scheinen für eine noch größere Anonymität bestimmt zu sein, sie werden geboren und sterben, ohne bemerkt zu werden. Sie sind wie wegwerfbare Stücke in einer Geschichte, die ihren Händen entgleitet und die sie ausschließt.

Um das Bild aus jenem Gleichnis des Evangeliums vom armen Lazarus wiederaufzunehemen, können wir darüber hinaus beobachten, daß die Armen nun nicht nur an der Tür der reichen Länder stehen. Viele Arme kämpfen darum, auf der Suche nach besseren oder einfach anderen Lebensumständen in diese Länder hineinzukommen. Die Migration in diesem Ausmaß ist eine zeitgenössische Angelegenheit und wirft unzählige Probleme in den industrialisierten Nationen auf, von denen uns die Medien Tag für Tag berichten. Die Ablehnung der legalen oder illegalen Immigranten, vor denen man sich fürchtet, nimmt manchmal die Atmosphäre eines Rassismus an. Bei verschiedenen Gelegenheiten hat die Kirche diese Atmosphäre kritisiert. Womöglich wird sich diese Angelegenheit in Zukunft noch verschlimmern.

Armut: Herausforderung an die Theologie

Die Theologie der Befreiung entstand aus der Herausforderung, die die massenhafte und unmenschliche Armut, die in Lateinamerika und in der Karibik besteht, für den Glauben darstellt.[27] Deshalb waren ihre ersten Skizzen eine Reflexion über die biblische Bedeutung der verschiedenen Typen von Armut und eine Betrachtung des Einsatzes der Christen und der ganzen Kirche mit den Armen für die Evangelisierung im Licht des Glaubens. Viele Fragen und zahllose Thematisierungen können in späteren Vorträgen aufgrund dieser theologischen Linie und der Gesellschaftsanalyse, die eingesetzt wurde, um die Wirklichkeit der Armut und ihre Gründe zu verstehen, entwickelt werden. Aber im Moment sollten wir uns im Sinne unseres Themas einfach fragen, auf welche Weise sich in dieser Zeit der Anruf der Armut an das christliche Gewissen zeigt.

Die erste Feststellung ist, daß sich die Lage verschlechtert hat. Der Bericht des PNUD (UN-Entwicklungsprogramm; engl. UNDP) von 1996 hält besorgniserregende Zahlen bereit. Die Schlußfolgerung lautet, daß „sich die Welt immer weiter polarisiert und der Abstand, der die Armen von den Reichen trennt, immer größer wird".[28] Etwas Ähnliches vollzieht sich innerhalb eines jeden Landes, auch in den reichen Nationen. Diese und weitere Angaben zeigen, daß in relativen und absoluten Zahlen die Bevölkerung in Armut und extremer Armut angewachsen ist.[29] Das Ergebnis schmerzt: Die Armut bleibt erhalten, ja sie vertieft sich sogar.[30] In der Folge behalten ihre Herausforderungen an unsere Solidarität und an unsere Reflexion auch heute ihre Gültigkeit, nachdrücklicher und gewichtiger denn je.

Ein Ausdruck der erwähnten Verschlechterung ist der sogenannte Ausschluß von Wirtschaft und Gesellschaft. Das ist weder eine völlig neue Wirklichkeit noch eine völlig neue Untersuchungskategorie. Auf bestimmte Weise waren die Armen immer ausgegrenzt und an den Rand gedrängt (man denke zum Beispiel an die indigenen und schwarzen Bevölkerungsteile in Lateinamerika und in der Karibik). Aber dies soll uns nicht davon abhalten, die Unterschiede in der gegenwärtigen Situation wahrzunehmen.[31] Der Begriff des Ausschlusses aus der Gesellschaft hat verschiedene Dimensionen. Auf der wirtschaftlichen Ebene sorgen die neuen Produktionsweisen, die zum großen Teil auf die Wissensrevolution zurückgehen, dafür, daß die Rohstoffe an Wert verlieren, mit den entsprechenden Folgen in den armen Ländern. Außerdem führen die neuen Produktionsweisen dazu, daß der Zugang zum Arbeitsmarkt von der technischen Qualifikation des Arbeiters abhängt, was tatsächlich die große Mehrzahl der Armen von heute ausschließt.[32] Der Ausschluß auf politischer Ebene (keine Beteiligung an den Entscheidungen, die in ihrem Umfeld gefällt werden) und auf kultureller Ebene (Diskriminierung aus rassischen und geschlechtlichen Gründen) verstärkt den wirtschaftlichen Ausschluß und stützt sich wiederum auf ihn.

Diese Gegebenheiten führen dazu, daß sich zwei Sektoren bilden, aus denen die Menschheit besteht. Einer davon, der der Ausgegrenzten, ist immer weniger bedeutsam für das Funktionieren der Weltwirtschaft und der Gesellschaft, die sich zunehmend behauptet. Deshalb sprechen wir seit vielen Jahren von den Armen als den „Bedeutungslosen", in dem Maß, in dem die zeitgenössische Gesellschaft ihre menschliche Würde und ihre Eigenschaft als Söhne und Töchter Gottes nicht anerkennt. Dieser Begriff erlaubt es im übrigen, daran zu erinnern, daß für denjenigen, der an den Gott glaubt, der kein Ansehen der Person macht, niemand unbedeutend sein kann.

Von den Letzten ausgehen

Bezugnehmend auf das universale Lehramt der Kirche stellten die nordamerikanischen Bischöfe vor einigen Jahren ein Kriterium auf, um eine bestimmte Wirtschaftspolitik zu beurteilen. In Anspielung auf die Option für die Armen und auf die Notwendigkeit, die wirtschaftlichen und gesellschaftlichen Aktivitäten „aus der Sicht der Armen" zu beurteilen, bestätigten sie: „Wenn die Gesellschaft Gerechtigkeit für *alle* schaffen soll, dann haben die Randgruppen und diejenigen Menschen, deren Rechte verneint werden, bevorzugte moralische Ansprüche."[33] Die Rückwirkungen auf die Schwächsten sind ein Kriterium, um über die in einer Gesellschaft vorhandene Gerechtigkeit zu befinden.[34] Das ist ein Hauptgesichtspunkt, vor allem wenn man bedenkt, daß diese an den Rand Gedrängten oftmals die Opfer eines ökonomisch-sozialen Systems sind. Vor einiger Zeit hat uns die lateinamerikanische Erfahrung gelehrt, daß die Armut in letzter Instanz den Tod bedeutet: den verfrühten und ungerechten Tod. Damit soll nicht behauptet werden, daß die Armut nicht auch eine Wirklichkeit der Wirtschafts- und der Gesellschaftsordnung ist. Aber wenn wir auf diesen Ebenen stehenbleiben, nehmen wir nicht die Radikalität dessen wahr, was bei der Armut auf dem Spiel steht: das Leben und der Tod der Menschen.

Die Armut, so wie wir sie in unserer Welt heute kennen, ist eine globale Frage, die an jedes menschliche Gewissen und an eine christliche Auffassung des Lebens appelliert. Das hat Johannes Paul II. mit großem Nachdruck während seines Besuchs in Kanada vor einigen Jahren ausgedrückt. Es geht dabei um einen Kommentar zu Matthäus 25,31–46, der sehr gut zu unserem Thema paßt. „Christus", sagt der Papst, steht „als Richter vor uns. Er hat ein besonderes Recht, dieses Gericht zu halten, wurde er doch einer von uns, unser Bruder." Dann lädt der Papst ein, nicht bei einem individualistischen Verständnis der christlichen Ethik stehenzubleiben, da diese „auch ihre soziale Dimension" hat. Im weiteren bekräftigt er, indem er die Worte des Herrn in einen weiten und anspruchsvollen geschichtlichen Zusammenhang stellt, daß Christus „von der ganzen weltweiten Dimension der Ungerechtigkeit und Übels" spricht. „Er spricht von dem, was wir heute gewöhnlich das Nord-Süd-Gefälle nennen. Also nicht nur Ost-West, sondern auch Nord-Süd: der Norden, der immer wohlhabender wird, und der Süden der noch mehr verarmt." Johannes Paul II. zieht also schwerwiegende und eindrucksvolle Konsequenzen für die reichen Nationen: „(...) wird im Licht der Worte Christi dieser arme Süden den reichen Norden richten. Und die armen Menschen und armen Völker – arm in verschiedener Hinsicht, nicht nur, weil es ihnen an Nahrung fehlt, sondern auch, weil sie der Freiheit und anderer Menschenrechte beraubt sind –, werden jene richten, die ihnen diese Güter *vorenthalten* und auf Kosten anderer das imperialistische Monopol wirtschaftlicher und politischer Vorherrschaft für sich selbst anhäufen".[35]

Der Text ist streng, aber er stellt die Dinge in einen angemessenen Zusammenhang. Das großartige und endgültige Bild der beschriebenen Szene wie auch der eindringliche Kommentar helfen uns, die theologischen Konsequenzen des Themas der Armut zu erfassen. So wichtig ihre wirtschaftlichen und gesellschaftlichen Dimensionen auch sein mögen, wie wir schon vorher sagten, behandeln sie doch nicht die Bedeutung der Armut für unsere Überlegungen in einem erschöpfenden Sinn.[36]

Bevor wir zu einem Schluß kommen, ist es wichtig, daran zu erinnern, daß die unbedeutenden und ausgegrenzten Armen keine passiven Menschen sind, die darauf hoffen, daß man ihnen die Hand reicht. Sie haben nicht nur Mangel, in ihnen leben menschliche Möglichkeiten und Schätze. Der Arme und an den Rand Gedrängte aus Lateinamerika ist oftmals im Besitz einer Kultur mit eigenen und beredten Werten, die aus seiner Rasse, seiner Geschichte, seiner Sprache kommen. Wie die von den Frauenorganisationen auf dem ganzen Kontinent im Kampf für das Leben ihrer Familie und des armen Volkes gezeigten Energien hat er eine eindrucksvolle Erfindungsgabe und schöpferische Kraft, um der Krise die Stirn zu bieten.

Für einen großen Teil der Armen von Lateinamerika hat der christliche Glaube eine Hauptrolle in dieser Haltung gespielt. Er ist eine Quelle der Inspiration und ein mächtiger Grund gewesen sich zu weigern, die Hoffnung auf die Zukunft zu verlieren. Er gibt dem Volk Mut, das wie ein Bewohner von Lima 1985 vor Johannes Paul II. verkündet: „Wir haben Hunger nach Brot, und wir haben Hunger nach Gott." Er unterschied die grundlegenden menschlichen Notwendigkeiten, ohne sie zu trennen. Das war ein Gruß, auf den der Papst mit Einfachheit und Festigkeit antwortete: „Der Hunger nach Gott bleibe und der Hunger nach Brot vergehe."

Abschwächung des Denkens

Die geschichtliche Etappe, in die wir gerade eintreten, ist komplex. Zu den wirtschaftlichen und politischen Aspekten gesellen sich weitere Aspekte kulturellen Zuschnitts, die ebenfalls die zeitgenössische Denkweise formen. Wir beziehen uns auf jene Aspekte, die einige Postmoderne oder postmodernes Denken nennen. Der Zweideutigkeit des Begriffs und vor allem der Bezeichnung sind wir uns bewußt. Aber zweifelsohne entspricht er einer Seite der Wirklichkeit.

Man muß zunächst einmal sagen, daß es sich bei der Postmoderne um keinen Aspekt handelt, der auf intellektuelle Minderheiten beschränkt wäre, wenn auch diese Betrachtungsweise in diesen Kreisen stärker präsent ist. Man braucht auch nicht zu glauben, daß sie sich auf Europa und Nordamerika beschränkt, wenn auch – einmal mehr – dort mehr über dieses Thema geschrieben und diskutiert wird. Medien, Kunst, Literatur und auch bestimmte Theologien übermitteln einige ihrer Thesen über das Intellektuellenmilieu der immer noch Dritten Welt genannten Welt hinaus und bestimmen gleichzeitig viele Haltungen. Einige Züge der Postmoderne verstärken das Vergessensein der Unbedeutenden dieser Welt, an die wir auf vorhergehenden Seiten anläßlich des Neoliberalismus erinnert hatten. Andere können wahrhaftig neue Perspektiven auf das Thema eröffnen, das uns beschäftigt.

Folglich ist es nicht müßig, angesichts dieser Problematik die Frage zu stellen, die uns als roter Faden auf diesen Seiten dient: Wo werden die Armen in dieser postmodernen Welt (oder wie auch immer Sie sie nennen möchten) schlafen? Auf diese Frage eine Antwort zu versuchen, wird uns helfen, die vom Standpunkt des christlichen Zeugnisses aus zu verfolgenden Wege besser zu umreißen.

Krise der Moderne

Wir werden nicht auf die Debatte eingehen, ob wir uns wirklich in einer geschichtlichen Epoche befinden, die wir Postmoderne nennen können, oder ob es sich um eine Etappe der Moderne, genauer: um eine ihrer Visionen handelt. Die Fragestellung wurde viel diskutiert, und in dieser Hinsicht gibt es eine große Bandbreite an Meinungen. Aber wie wir schon weiter oben sagten, gibt es sicher Aspekte der Wirklichkeit, die durch diese postmodernen Betrachtungsweisen hervorgehoben werden und die eine gewisse Betrachtung verdienen. Es gibt Zweideutigkeiten und Verwirrungen, die schwierig zu klären sind; dennoch gibt es Profile, die einen bestimmten Moment des Denkens und des alltäglichen menschlichen Verhaltens bezeichnen, die wir aus Gründen der Bequemlichkeit Postmoderne nennen werden.
Bei der Postmoderne stehen wir vor einer Reaktion auf einige der großen Themen der Moderne, konkret auf das, was die Vertreter dieses Denkens die der Moderne eigenen „großen Erzählungen" (oder „Metaerzählungen") nennen.[37]
J. F. Lyotard zählt sie wie folgt auf: „Schrittweise Emanzipation der Vernunft und der Freiheit, schrittweise oder katastrophale Emanzipation von der Arbeit (Quelle entfremdeten Wertes im Kapitalismus), Bereicherung der ganzen Menschheit durch den Fortschritt der kapitalistischen Technowissenschaft." Der Autor fügt hinzu, und das ist wichtig für uns: „Und wenn man das Christentum in die

Moderne einrechnet (dennoch der antiken Klassik entgegengesetzt): die Rettung der Geschöpfe in der Umkehr der Seelen durch den mystischen Bericht von der zeugnisablegenden Liebe."[38]

Die frontale Zurückweisung gilt der „Philosophie von Hegel", die „alle diese Erzählungen zusammenfaßt und in diesem Sinne in sich selbst die spekulative Moderne konzentriert".[39] Für Hegel ist eine Geschichtsphilosophie immer in die Legitimierung des Wissens durch eine Metaerzählung verwickelt.[40] Der Vorwurf geht auf den Machtwillen, den die großen Erzählungen der Moderne darstellen. Mehr noch, die Vertreter der Postmoderne sehen in dieser Haltung eine Gewalt, die den Individuen Freiheit nimmt und die deshalb zu verwerfen ist.

In Anspielung auf die berühmte Untersuchung M. Webers über die Moderne als Entzauberung (oder Entsakralisierung) der Welt, die die neue Rationalität hervorgebracht habe, wurde von der Postmoderne als der „Entzauberung der Entzauberung" gesprochen. Tatsächlich gibt es eine Enttäuschung hinsichtlich der Moderne. Diese hatte ihre Versprechungen nicht gehalten. Statt sozialem Frieden, vernünftigem und transparentem Verhalten und persönlichem Glück hatten wir verheerende Kriege, politische Instabilität und schreckliche Formen der Gewalt. Der Fall Auschwitz wird als ein paradigmatisches Beispiel für die Unmenschlichkeit angeführt, gegen die die Postmoderne reagiert. Viele Errungenschaften der Wissenschaft und Technik haben sich in Werkzeuge der Zerstörung verwandelt.

Jede einheitliche Betrachtung der Geschichte bewegt sich folglich außerhalb der vorgezeichneten Bahn.[41] Es hat keinen Sinn, die Ereignisse der menschlichen Welt unter der Idee einer Universalgeschichte der Menschheit, einer Geschichte, deren Entwicklung auf gewisse Weise im voraus bekannt ist, zu organisieren. Wir haben nur kleine Erzählungen, individuelle und lokale Geschichten. Es gibt keine

metaphysischen Grundlagen des geschichtlichen Werdens. Wir stehen vor dem, was man eine Fragmentierung des menschlichen Wissens genannt hat.
In derselben Grundbewegung, aber mit einigen Abweichungen zu Lyotard denkt G. Vattimo, daß es „darum geht, das zu erwägen und zu ermessen, was die Auflösung des begründenden Denkens, das heißt: der Metaphysik, mit sich bringt".[42] Sich an Nietzsche und Heidegger anlehnend, fordert er, was er als „schwaches Denken" qualifiziert, und präzisiert, daß dies „nicht ein Denken der Schwäche ist, sondern ein Denken der Abschwächung: die Anerkennung einer Linie der Auflösung in der Geschichte der Ontologie".[43]
Eine Konsequenz aus diesen Vorgaben ist, daß viele Stellungnahmen und Meinungen in der Postmoderne Platz haben. In ihr gibt es einen enormen Pluralismus, der zu der Aussage geführt hat, daß in diesem Denken „alles gültig ist".[44] In Reaktion auf Positionen, die als dogmatisch und totalitär aufgefaßt werden, kommt man bei einem kulturellen Relativismus an, der von einem gewissen Skeptizismus gegenüber den Erkenntnismöglichkeiten des Menschen gefärbt ist: zu einem Skeptizismus, der sowohl auf die Ebene der Ethik[45] als auch auf die Ebene der Politik durchschlägt.[46]
Ohne Zweifel läßt die postmoderne Kritik die Schwächen und selbst die Widersprüche der Moderne hervortreten. Man sollte sich jedoch daran erinnern, daß das moderne Denken immer Selbstkritik übte. Mehr als einer ihrer Vertreter (G. W. F. Hegel ist in gewisser Weise einer davon) drückte seine Unzufriedenheit gegenüber den Ergebnissen der Aufklärung aus. Nun jedoch ist die Kritik viel radikaler, im übrigen hat sie die Intellektuellenkreise überschritten. Als eine Einstellung gegenüber dem Leben erreicht sie verschiedene gesellschaftliche Schichten, von denen einige eine sehr aktive Rolle im kulturellen Bereich und im Bereich der Kommunikation in der zeitgenössischen Gesellschaft spielen.[47]

Die Fragmentierung des menschlichen Wissens

Es steckt zweifelsohne etwas Heilsames in der Reaktion gegen die allumfassenden Geschichtsvisionen, die einen Teil der großen Erzählungen bilden. Diese Einstellungen bringen ein autoritäres System mit sich, wie die Vertreter der postmodernen Vorstellung richtig erkannt haben. Die Armen haben sich oftmals von Vorstellungen betroffen gesehen, die ohne Rücksicht auf die Menschen und ihr tägliches Leben vorgeben, global zu sein und die durch ihre angespannte Ausrichtung auf die Zukunft die Gegenwart vergessen. Aber das postmoderne Denken beschränkt sich nicht auf die Kritik daran. Es unterminiert jeden Sinn der Geschichte, und das schlägt auf die Bedeutung zurück, die jeder menschlichen Existenz zu geben ist. Es identifiziert im übrigen Hegels Geschichtsphilosophie mit der jüdisch-christlichen Vorstellung von der Geschichte und schließt diese in die Zurückweisung jener mit ein.[48]
Man muß anerkennen, daß die postmoderne Kritik uns hilft, nicht in starre und festgefügte Schemata zu verfallen, um den Verlauf der Geschichte zu deuten – eine Situation, zu der es manchmal im Inneren der theologischen Welt gekommen ist. Trotz des Gesagten ist es notwendig, daran zu erinnern, daß aus einer christlichen Perspektive die Geschichte ihr Zentrum in der Ankunft des Sohnes hat, in der Menschwerdung, ohne daß dies bedeuten sollte, daß die menschliche Geschichte unvermeidlich vorwärtsgehen würde, indem sie vorgeschriebenen und durch einen eisernen Leitgedanken beherrschten Bahnen folgte. Jesus Christus als Zentrum der Geschichte ist ebenfalls der Weg (vgl. Joh 14,6) zum Vater, ein Gang, der der menschlichen Existenz und der Existenz, zu der wir alle berufen sind, Sinn gibt. Diese Berufung gibt der Gegenwart, dem Heute, ihre volle Dichte, woran wir in den einführenden Seiten dieser Arbeit erinnerten.

Das postmoderne Wissen lehnt die großen Erzählungen ab und wertet die kleinen auf. Auf diese Weise hilft es uns, gegenüber dem Lokalen und dem Anderen (eines seiner Themen) aufmerksamer und sensibler zu sein.[49] In einer Welt, die – nicht ohne Widerspruch zu anderen ihrer Merkmale – immer mehr Aufmerksamkeit auf die kulturelle Vielfalt und auf die Minderheiten lenkt, hat das wichtige Folgen. Im Kontext Lateinamerikas und auch in der Karibik, wo die indigenen Ethnien, die schwarze Bevölkerung und die Frauen versuchen, ihre Werte zu behaupten und ihre Rechte einzufordern, kann sich dieses Merkmal der Postmoderne als besonders fruchtbar erweisen und ein Korrektiv zu einem gewissen westlichen Kapitalismus bilden.

Aber wir können nicht über die Tatsache hinwegsehen, daß diese Sensibilität mit einer Intensivierung des Individualismus verbunden ist, wie sie schon die Moderne mit sich bringt. Die Verneinung des Sinns der Geschichte steigert den Individualismus und verstärkt den Narzißmus der gegenwärtigen Gesellschaft.[50] Diesbezüglich wurde selbst von einer zweiten individualistischen Revolution gesprochen.[51] Man müßte dem Faktum Aufmerksamkeit schenken, daß die Kritik am Projekt der Moderne nicht mit dem Willen hinter dem Berg hält, sich in Individualismus und Gleichgültigkeit gegenüber den Anderen zu flüchten, was zu einer Gesellschaft führt, die in sich selbst verschlossen ist.[52] Das ist ein klarer Unterschied zu der Anfrage, die die Theologie der Befreiung vor Jahren an das Denken der Moderne richtete.

Auf der anderen Seite hat sich die Religion, im Gegensatz zu dem, was in der Moderne gedacht wurde, weder erschöpft noch ins Private zurückgezogen. Vielmehr zeigt sie eine neue Lebendigkeit. Die postmoderne Denkart kann dazu beitragen, das Geheimnis zu respektieren, und so einen Beitrag zu dem liefern, was einige als das Aufkommen einer neuen religiösen Epoche bezeichnen.[53] Die Beispiele dafür sind vielfältig in der Welt von heute. Dennoch müssen wir beobachten, daß es sich dabei oftmals um eine unscharfe und konfuse Religiosität handelt, die einen allgemeinen Glauben an Gott oder eine vage Gottheit mit sich bringt, die festen Überzeugungen mißtrauisch und den Anforderungen an das Verhalten, die diese befördern, nur widerstrebend gegenübersteht. Aber das ist eine Tatsache in der Gegenwart, und es wird notwendig sein, sie weiterhin aus der Sicht des Glaubens zu betrachten.

Diese Punkte, an die erinnert wurde, und sicherlich noch andere konvergieren in einer Haltung, die wenig Mut macht, Chancen wahrzunehmen, Situationen zu ändern, die im Licht der Ethik als ungerecht und unmenschlich betrachtet werden. Auf die Enttäuschung über unerfüllte Projekte der Moderne folgte das Fehlen eines Interesses am Schicksal der Schwächsten in der Gesellschaft. Der Geist der Epoche, in der wir leben, ist wenig kämpferisch und einsatzbereit. In einem neoliberalen und postmodernen Rahmen, der sich auf einen aggressiven Individualismus stützt, erweist sich die Solidarität als wirkungslos, als eine Art Überbleibsel aus der Vergangenheit.

Wenn der Skeptizismus noch dazukommt, der glauben läßt, daß alle Optionen gleichwertig sind und daß jeder – wie heute oft gesagt wird – *seine* Wahrheit hat, dann ist alles gültig. Die Reaktion auf die umfassenden Visionen führt – trotz ihrer gesunden Anteile – dazu, daß jede Utopie oder jedes Projekt am Horizont ausgelöscht wird, das von etwas anderem als dem gegenwärtig Bestehenden handelt. Man braucht nicht zu betonen, daß die ersten Opfer dieser Haltung die Armen und an den Rand Gedrängten sind, für die es in der sich gerade vorbereitenden Welt sehr wenig Platz zu geben scheint. Es ist immer einfach, die Utopien von einem unveränderlichen *Topos* (Ort – Utopie wörtl. „Nirgend-Ort"; Anm. des Übers.) aus, an dem man sich's zufrieden ist, zu kritisieren.

Wie bereits angedeutet, kann die Wachsamkeit gegenüber den Fortschritten der Gegenwart und das Wissen um die

Unterscheidung in ihr die Werte dennoch nicht vergessen machen, die sich ebenfalls in dieser Denkweise finden. In dieser komplexen und manchmal sogar widersprüchlichen Situation ist es notwendig, vom Reich Gottes, von der Solidarität mit den Armen und der Befreiung derjenigen, die ihre elementarsten Rechte verletzt sehen, Zeugnis abzulegen. Die Reflexion über den Glauben, die Theologie, ist aufgerufen, in unserer Zeit eine Hermeneutik der Hoffnung zu sein, einer Hoffnung auf den Gott des Lebens, die einer der Grundzüge jener Reflexion ist, die wir in diesen Jahren in den Vordergrund gestellt haben.

3. Das Reich verkünden

Die bis hierher gemachten Beobachtungen rücken einige in der Zukunft theologisch zu vertiefende Punkte zurecht. Wir können uns bei ihrer Vorstellung kurz fassen. Es können keine absolut neuen Punkte sein, sie gehören zur christlichen Botschaft, die die Gläubigen kennen, und in ihr erkennen sie sich als Nachfolger Christi und als Kirche wieder. Die Neuheit liegt in der Art, wie sie angegangen werden, in den Herausforderungen, auf die eine Antwort gefunden werden soll, in den bisher nicht dagewesenen Facetten, die von bekannten Wahrheiten enthüllt werden sollen, in der Art und Weise, mit der sie ausgesagt werden.

Das gilt auch für die Verkündigung des Evangeliums, auf dem die theologische Reflexion aufbaut und aus dem sie ihre Nahrung bezieht. In diesem Sinne wurde von einer Neuevangelisierung gesprochen.[54] Johannes Paul II. beschreibt sie folgendermaßen: „Neu in ihrem Eifer, in ihren Methoden und in ihrer Ausdrucksweise."[55] Bei verschiedenen Gelegenheiten hat der Papst dieses Thema wiederaufgenommen, und die Konferenz von Santo Domingo machte daraus eines ihrer großen Themen.

Als das „Grundthema" in der Vorbereitung auf das dritte Jahrtausend erschien die Perspektive der Neuevangelisierung wieder (vgl. Tertio millennio adveniente 21). Was das Ziel der Neuevangelisierung betrifft, so muß man sich in die „Vision des Konzils" vertiefen (Tertio millennio adveniente 18 ff.); schließlich begann die Vorbereitung auf das Jubiläum des dritten Jahrtausends auf dem Konzil. „(...) ein Konzil", sagt Johannes Paul II. bedeutungsvoll, „das zwar den früheren Konzilien ähnlich und doch sehr andersartig ist, ein Konzil, *das sich auf das Geheimnis Christi und seiner Kirche konzentriert und zugleich offen ist für die Welt*" (Tertio millennio adveniente 18). Es handelt sich ja „gleichzeitig" um zwei untrennbare Aspekte. Der Heilsgehalt des Geheimnisses Christi und seiner Kirche muß der Welt in einer Haltung der Offenheit vermittelt werden. In diesem Rahmen werden wir einige Überlegungen über bestimmte Spuren hinsichtlich dieser Mitteilung und der theologischen Reflexion unternehmen, die diese mit sich bringt.

Zur Freiheit befreit

Zuvor jedoch ist es von Vorteil, einige kurze Beobachtungen über die Beziehungen zwischen der Befreiung und der Freiheit zu machen, eine Kernfrage in der Theologie der Befreiung.[56]

Zwischen der Freiheit von und der Freiheit für

Der Ausgangspunkt liegt in einem wichtigen Text im Galaterbrief, der auf das Thema der Freiheit des Christen ausgerichtet ist. „Zur Freiheit hat uns Christus befreit", sagt Paulus (Gal 5,1). Befreiung von der Sünde, insofern diese ein egoistisches Sich-über-sich-selbst-Beugen meint. Sündigen heißt, sich zu weigern, Gott und die anderen zu lieben. Aber für Paulus handelt es sich ebenfalls um eine Befreiung vom Gesetz und von den Kräften des Todes (vgl. Röm 8,2). Die

Sünde, der Bruch der Freundschaft mit Gott und den Anderen, ist in der Bibel der tiefste Grund der Ungerechtigkeit und Unterdrückung zwischen den Menschen sowie der Abwesenheit personaler Freiheit.[57] Sie ist letzter Grund, weil es sicherlich andere Gründe gibt, die auf der Ebene der wirtschaftlichen und gesellschaftlichen Strukturen wie auch auf der persönlichen Ebene angesiedelt sind. Also reicht eine Veränderung dieser Strukturen und Aspekte nicht aus, so radikal sie auch sein mag. Nur die geschenkte und heilbringende Liebe Christi kann bis zur Wurzel unserer selbst gehen und von dort aus eine wahre Liebe aufblühen lassen.

Dennoch beschränkt sich Paulus nicht auf die Aussage, daß Christus uns befreit hat. Er bekräftigt ebenfalls, daß er es getan hat, damit wir frei seien. Einer klassischen Unterscheidung entsprechend muß man eine Freiheit *von* und eine Freiheit *für* ins Auge fassen. Die erste Vorstellung von Freiheit zielt auf Sünde, Egoismus, Unterdrückung, Ungerechtigkeit, Not, alles Zustände, die der Befreiung bedürfen. Die zweite Vorstellung von Freiheit verweist auf ihr Wofür: Die Liebe, die Gemeinschaft, ist die letzte Stufe der Befreiung. Die „Freiheit für" gibt der „Freiheit von" ihren tiefen Sinn. Wenn wir uns auf das berufen, was in demselben Brief an die Galater (5,13) gesagt wird, könnten wir sagen, daß der Ausdruck *frei, um zu lieben* die paulinische Position auf den Punkt bringt. Ohne eine Reflexion über die Freiheit ist eine Theologie der Befreiung verstümmelt. Die Freiheit ist ein zentrales Element der christlichen Botschaft. Das darf der Nachdruck, der auf die Befreiung gelegt wird, nicht vergessen machen. Es ist wichtig, eine fruchtbare Beziehung zwischen der Befreiung und der Freiheit aufzubauen. Angesichts einiger Infragestellungen der gegenwärtigen Zeit wird dieser Punkt noch vordringlicher. Sie führen uns auch dazu, die Errungenschaften eines weiteren wesentlichen Aspekts des Glaubens hervorzuheben, der mit dem Thema der Freiheit eng verbunden ist.

Wir beziehen uns auf die Verbindung, die die Schrift zwischen der Wahrheit und der Freiheit herstellt. „Die Wahrheit wird euch befreien", heißt es in einer berühmten Textstelle des Johannesevangeliums (8,32). Diese Freiheit ist Christus selbst, der uns befreit und zur Freiheit ruft (vgl. Gal 5,13). Alle Menschen haben ein Recht, daß ihnen diese Wahrheit mitgeteilt werde, ein Recht auf eine Verkündigung, die nicht nur die Freiheit achten, sondern die sie auch als solche konstituieren muß. Eine Freiheit, die auf der anderen Seite nicht in einer individuellen und zurückgezogenen Umgebung eingeschlossen bleiben darf. Sie gewinnt ihren wahren Sinn, wenn sie die Menschen bereit macht, mit Gott in Beziehung zu treten und anderen, besonders den Ärmsten und Besitzlosen, dienstbar zu sein.[58]
Die Aufgabe der Kirche, zu evangelisieren, muß dazu führen, daß die Menschen tatsächlich frei sind – frei, um zu lieben. In Einklang mit diesem Ziel muß die theologische Reflexion gegenüber einem Denken kritisch sein, das auf die Suche nach der Wahrheit verzichtet, und sich auf den Bahnen bewegen, die eine Vertiefung der Gabe der Wahrheit ermöglichen, die uns frei macht.

Sein Reich und seine Gerechtigkeit

Im Herzen der Bergpredigt befindet sich ein Vers, der sie in gewisser Weise zusammenfaßt: „Euch aber muß es zuerst um sein Reich und um seine Gerechtigkeit gehen; dann wird euch alles andere dazugegeben" (Mt 6,33). Das Subjekt der beiden Possessivpronomen des ersten Satzteils steht im vorhergehenden Vers. Es ist der „himmlische Vater".
Diese Suche gibt dem christlichen Leben seine Daseinsberechtigung. So stellt uns Matthäus präzise und mit einer Reichweite, die es im Bewußtsein zu halten gilt, das „Mark" der ganzen Bibel vor: Alles kommt von Gott. Gott ist der Heilige, der völlig andere, derjenige, dessen Entscheidungen unergründlich sind und unerforschlich seine Wege,

„denn aus ihm und durch ihn und auf ihn hin ist die ganze Schöpfung" (Röm 11,33.36). Er ist Quell des Lebens und der Liebe (vgl. Ex 3,14; 1 Joh 4,16), ein ferner und gleichzeitig naher Gott, der uns zur Freundschaft mit ihm ruft, Grundlage der Freundschaft, die unter den Menschen bestehen soll. Der heilige Gott ist auch der menschgewordene Gott. Die Aufnahme seiner Liebe in unser Leben muß sich in Taten des Lebens gegenüber den Anderen übersetzen.

Im „von Angesicht zu Angesicht" mit Gott (1 Kor 13,12) erreicht die menschliche Existenz ihre Fülle. Sie ist die Hoffnung und Erfahrung der Mystiker, die Vereinigung mit Gott, von der sie häufig sprechen. „Jetzt aber hat mein Auge dich geschaut", verkündet Hiob (42,5), als er erfährt, daß die geschenkte Liebe Gottes ohne Grenzen und Vorbehalte die Grundlage der Welt ist und nicht deren enge Vorstellung einer Gerechtigkeit gemäß einem „Gibst du mir, dann geb´ ich dir". Ans Ende des Weges gelangt, sagt Johannes vom Kreuz dichterisch: „Ich blieb zurück und selbstvergessen neigt' ich das Gesicht über den Geliebten (...) unter den Lilien vergessen."[59] Auf sehr schöne Weise drückte dies ebenfalls Luis Espinal aus, ein in Bolivien wegen seines Einsatzes für die Armen ermordeter Priester: „Herr der Nacht, du Leere, wir wollten uns entspannen in deinem Schoße, unmerklich, vertrauensvoll, mit der Sicherheit der Kinder."[60] In der Poesie hat das mystische Erleben immer die angemessenste Sprache gefunden, um das Geheimnis der Liebe auszudrücken.

Nichts ist der Suche nach Gott, seinem Reich und seiner Gerechtigkeit mehr entgegengesetzt als der Dienst an einem (im starken Sinne des Begriffs: die Anbetung eines) von Menschenhand gemachten Götzenbild(es). Gemäß der Bibel bedeutet die Götzendienerei, sein Leben an etwas oder an jemanden hinzugeben, der nicht Gott ist, und ihm zu vertrauen. Das ist eine dauernde Gefahr für den Christen. Wie wir bereits sagten, sind heute im Zusammenhang mit dem Neoliberalismus der Markt und der

Gewinn Objekte einer götzendienerischen Anbetung. Johannes Paul II. spricht deshalb von „der Vergötzung des Marktes" (Centesimus annus 40). Das ist die zeitgenössische Form, den Mammon anzubeten. Mit der Vergötzung des Geldes vereint sich die Vergötzung der Macht, die sich über jedes Menschenrecht hinwegsetzt. Diesen Götzen werden Opfer dargebracht, deshalb bringen die biblischen Propheten den Götzendienst immer mit Mord in Verbindung. Diejenigen, die aus der gegenwärtigen internationalen Wirtschaftsordnung ausgegrenzt sind, befinden sich unter diesen Opfern.

Aber es ist notwendig, noch weiter zu gehen, auch wenn dies einigen unbequem erscheint.[61] Die götzendienerischen Aspekte der Anbetung des Geldes und des Machtwillens treten in unserer Zeit leider klar und massenhaft zutage. Sie sind für ein menschliches und christliches Gewissen abstoßend.

Die götzendienerische Haltung kann jedoch auch durch die Hintertür unseres Einsatzes für die Befreiung des Armen eintreten, trotz aller Begeisterung und Motivation im christlichen Glauben. Auf den ersten Blick mag diese Behauptung befremdlich wirken, aber man muß die Dinge ungeschönt und ohne Ausflüchte sehen.

So ist es möglich, aus der Gerechtigkeit etwas zu machen, was dem Götzenbild sehr nahe kommt, wenn wir sie in ein Absolutum verwandeln und sie nicht in den Zusammenhang einbetten, in dem sich ihr ganzer Sinn erst entfalten kann: in den Zusammenhang der geschenkten Liebe. Wenn es keine im Alltag gegründete Liebe zum Armen und keine Wertschätzung der Vielfalt seiner Wünsche und Nöte als Mensch gibt, dann – es erscheint grausam, das zu sagen, aber die Erfahrung lehrt es – können wir die Suche nach Gerechtigkeit als Vorwand nehmen, ja in eine Rechtfertigung verwandeln, die Armen zu mißhandeln, da wir vorgeben, besser als sie zu wissen, was sie möchten und brauchen.

Eine Art Götzenbild können wir auch aus dem Armen machen. Das geschieht, wenn wir ihn idealisieren, ihn als immer gut, großzügig und tiefreligiös ansehen und denken, daß alles, was von ihm kommt, wahrhaftig und in gewisser Weise heilig ist. Diese Eigenschaften des Armen würden dann zum Hauptmotiv, mit ihm solidarisch zu sein. So vergißt man, daß die Armen von Gnade und Sünde durchdrungene Menschen sind, wie der heilige Augustinus sagen würde. Ohne Zweifel sind sie mit Großzügigkeit und Opferbereitschaft enorm begabt. Aber deswegen zu sagen, daß es sich in allen Fällen so verhält, bedeutet die Komplexität und die Zweideutigkeit der Menschen zu verkennen. Die Idealisierung des Armen – wie sie manche betreiben, die nicht selbst arm sind, und manchmal, wenn auch selten, die Armen selbst – führt nicht zu seiner Befreiung. Im übrigen ist es vor allem es notwendig, daran zu erinnern, daß für einen Christen der letzte Grund für das Engagement für die Armen nicht in ihren moralischen oder religiösen Eigenschaften – auch wenn es sie gibt –, sondern in der Güte Gottes liegt, die unser eigenes Verhalten bestimmen muß.

Auf der anderen Seite und noch viel subtiler kann unsere eigene Theologie, selbstverständlich auch die Theologie der Befreiung, die wir in Lateinamerika ausgehend von den Leiden und Hoffnungen der Armen erarbeitet haben, ebenso eine Art Götzenbild werden. Das geschieht, wenn sie in der Praxis dazu übergeht, wichtiger zu werden als der Glaube, der sie erhellt, und als die Wirklichkeit, die sie auszudrücken versucht. Eine intellektuelle Arbeit, die uns über die Maßen fesselt, trägt dieses Risiko. Diejenigen, deren Namen unter den theologischen Texten stehen, dürfen nicht vergessen, daß nicht sie, um genauer zu sein: nicht notwendigerweise sie die wahrhaften Zeugen der lateinamerikanischen Kirche sind, die ihren Glauben an den Gott der Bibel durch die Solidarität mit den Armen zeigen möchte. Vielmehr sind dies jene, die oftmals anonym ihr eigenes Leben aufs Spiel setzen und in der Alltäglichkeit ihres Lebens den pastoralen und sozialen Einsatz leben. Sie sind anonym für die Medien und die breite Öffentlichkeit, nicht aber für Gott.

Aus all diesen Gründen sind Zeugnisse wie die des Johannes vom Kreuz und die vielen anderen aus der mystischen Tradition der Kirche von solcher Bedeutung für die theologische Reflexion. Mit dem schneidenden Werkzeug ihrer Erfahrung und ihrer Dichtung helfen sie uns, all das auszuschalten, was irgendwie von Götzendienerei und Einbildungen ergriffen ist, die das, „was dazugegeben wird", an die erste Stelle unserer Suche setzen und die uns daran hindern, zu sehen und zu spüren, daß nur Gott Gott ist.

In jeder Situation ist es für die Christen wesentlich, sich Gottes Vorrang in ihrem Leben zu vergegenwärtigen. Die Spiritualität, die Nachfolge Jesu, ist aus diesem Grund nicht nur ein in der Theologie bedeutsames Streben, sondern deren wahre Grundlage. In gewisser Weise wird das vordringlicher, wenn die Christen in das eingespannt sind, was die Päpste den „vornehmen Kampf für die Gerechtigkeit" nennen. Es geht um Gottes Gerechtigkeit in ihrem doppelten biblischen Sinn: um Gerechtigkeit unter den Menschen und um Heiligkeit. Sie ist aufs engste mit seinem Reich des Lebens und der Liebe verbunden, gemäß dem Matthäustext, den wir einige Seiten vorher angeführt haben.

Aus diesem und aus den vor kurzem ausgeführten Gründen ist das Thema der Spiritualität in der Theologie der Befreiung, wenigstens in einem guten Teil von ihr, von Anfang an zentral gewesen. Es ist eine Reflexion über den Glauben, der sich in der Spannung zwischen der Mystik und dem Einsatz in der Geschichte erstreckt. Zuvor haben wir daran erinnert, daß die vorrangige Option für die Armen, mit der die genannte Theologie verbunden ist, eine theozentrische Option ist. Als authentische Entscheidung für die wirklichen Armen der heutigen Welt hat sie ihr Fundament in dem Sich-Schenken der Liebe Gottes, dem letzten Grund

für den Vorrang. Das mystische Fundament ist wesentlich für die Verkündigung des Reiches Gottes und seine Forderung nach Gerechtigkeit.[62]
Diese Ausrichtung auf eine geistliche Vertiefung ist eine der großen Aufgaben der Evangelisierung in unseren Tagen wie auch der theologischen Reflexion. Darin spielt sich das ab, was die Achse christlicher Existenz sein muß: der Sinn für Gott, die Gegenwart seiner Liebe in unserem Leben. Nicht darum geht es, den Einsatz in der Geschichte durch die Berufung auf geistliche Dimensionen zurechtzurücken, sondern ihn zu vertiefen und ihm seine ganze Bedeutung und Radikalität zu geben. Im Endeffekt kommt es auf die Ausübung der Theologie als Weisheit (sapientia) an – wie ein Schmackhaft machen, ein Schmecken (sapor; Anm. des Übers.) des Wortes Gottes; ein Wissen, dessen Geschmack sich an der Bereicherung des Alltagslebens des Gläubigen und der ganzen christlichen Gemeinde ausrichtet –, als solche müßte man die Theologie wiederentdecken, wenn sie als solche nicht mehr vorhanden wäre. Wenn wir die Rolle, die die Vernunft in der theologischen Reflexion spielt, würdigen, erlaubt uns das, uns anderen Formen der Erkenntnis der christlichen Wahrheiten zuzuwenden. In dieser Hinsicht ist zum Beispiel die symbolische Sprache besonders fruchtbar.

Die Frage nach dem Anderen

Nach dem Urteil von Carlos Fuentes ist das Hauptproblem des 21. Jahrhunderts die Frage nach dem Anderen. Das ist ein altes Anliegen im Rahmen der Theologie der Befreiung, die im Armen den „anderen" sieht, der zu einer Gesellschaft gehört, die immer selbstzufriedener wird. Aber unleugbar leben wir in einer Zeit, in der sich die Entfernungen auf dem Planeten, im globalen Dorf, verkürzen, und in dem das Bewußtsein für die Vielfalt der Völker, Kulturen, Arten, Ethnien und Religionen wächst. Das sind keine widersprüchlichen Bewegungen, wie man meinen könnte. Man kann sogar sagen, daß sie sich in gewisser Weise gegenseitig bestärken, auch wenn sie sich manchmal offen gegenüberstehen und gefährliche Strudel erzeugen.

Identität und Dialog

In Lateinamerika haben die alten indigenen Völker ihre Stimme wegen der im Laufe der Jahrhunderte erlittenen Drangsale zum Protest erhoben. Aber sie haben sie auch erhoben, um andere mit dem Überfluß ihrer Kulturen, mit der Liebe zur Erde als der Quelle des Lebens, mit der Erfahrung ihres Respekts gegenüber der natürlichen Welt und mit ihrem Gemeinschaftssinn, mit dem Tiefgang ihrer religiösen Werte und mit dem Wert ihrer theologischen Reflexion zu bereichern.[63] Mit – den jedem Fall eigenen – Nuancen vollzieht sich etwas Ähnliches mit der schwarzen Bevölkerung unseres Kontinents[64] und mit der neuen Präsenz der Frau, besonders der Frau, die zu den an den Rand Gedrängten und Unterdrückten gehört.[65] Das hat zu einem fruchtbaren Dialog zwischen unterschiedlichen theologischen Standpunkten geführt.[66]
Es ist wichtig, innerhalb dieser Menschengruppen eine Unterscheidung vorzunehmen, sie sind ja nicht homogen. Ebenso ist es notwendig, sich der wachsenden Bedeutung der Werte des Volkes bewußt zu sein, die sich aus jahrhundertealten und neuesten Kreuzungen jederlei Geblüts auf diesem Kontinent ergeben, wie José María Arguedas sagte, als er von Peru sprach. Wir denken dabei nicht nur an den rassischen Aspekt, sondern auch an den kulturellen, und an der Kultur wird permanent gearbeitet. Kultur gehört ja nicht der Vergangenheit an, sie ist fortwährende Schöpfung, in Treue wie im Bruch gegenüber einer Tradition. Von daher kommt ihre Fähigkeit zum Widerstand gegenüber Haltungen und Ideen, die ihre Identität auflösen. Die Vergangenheit und die Gegenwart des Volkes – der Völker – unseres Kontinents sind voll von Beispielen für diesen Sachverhalt.

Wie wir bereits angedeutet haben, ist es auf der anderen Seite der Zug der Postmoderne, verschwommen daherzukommen. Mit ihren Zweideutigkeiten auf verschiedenen gesellschaftlichen Ebenen neigt sie dazu, das Lokale und das Unterschiedliche hochzuschätzen. Dennoch können wir nicht leugnen, daß dies von einem deutlichen Skeptizismus ausgehend geschieht, der jegliche Möglichkeit des Ergreifens umfassender Wahrheiten relativiert.

Das Evangelium zu verkünden bedeutet, einen heilbringenden Dialog zu beginnen. Es setzt den Respekt gegenüber dem Anderen und seinen Besonderheiten voraus.[67] Es sucht sich nicht aufzudrängen, sondern zu dienen und zu überzeugen.[68] Darauf muß das abzielen, was wir heute Inkulturation des Glaubens nennen und was zweifelsohne einer alten Erfahrung der Kirche entspricht. Es geht dabei um eine doppelte Bewegung: Der christliche Glaube muß ständig in neuen kulturellen Werten Menschengestalt annehmen, und zugleich kann man sagen, daß die Kulturen die Botschaft des Evangeliums annehmen müssen.

Dennoch ist die Bemerkung wichtig, daß der Dialog Gesprächspartner voraussetzt, die sich ihrer eigenen Identität sicher sind. Der christliche Glaube und die Theologie können nicht auf ihre Quellen und auf ihre Personalität verzichten, um mit anderen Ansichten in Kontakt zu treten. Feste Überzeugungen zu haben ist kein Hindernis für den Dialog, vielmehr ist das eine notwendige Bedingung. Nicht durch den Verdienst, sondern durch Gottes Gnade die Wahrheit Jesu Christi in unserem Leben anzunehmen, entwertet nicht nur nicht unseren Umgang mit Menschen anderer Perspektiven, sondern gibt ihm einen eigenen Sinn. Angesichts des Verlusts der Bezugspunkte, die einige zu erleben scheinen, ist es wichtig, daran zu erinnern, daß die Identität, eine bescheidene und offene Identität, wesentlicher Bestandteil einer Spiritualität ist.

Was wir gerade gesagt haben, mag offensichtlich erscheinen. Wir denken dabei jedoch an die Tendenz, die wir heute

bei vielen Menschen und auch Christen sehen, die der Auffassung sind, daß es keinen authentischen Dialog gibt, wenn wir nicht auf die eine oder andere Weise auf unsere Überzeugungen und unsere Auffassung von der Wahrheit verzichten. Diese Haltung kommt aus der Furcht – die leider anhand zahlreicher und schmerzlicher Fälle in der Geschichte veranschaulicht werden kann –, einen christlichen Standpunkt mit Gewalt durchzusetzen. Es ist richtig, anzuerkennen, daß es diese Gefahr wirklich gibt, aber die vorgeschlagene Lösung ist nicht zweckmäßig. Entgegen dem, was allgemein angenommen wird, bedeutet das im übrigen fehlenden Respekt gegenüber dem Empfänger unserer Verkündigung des Evangeliums. Ihm gegenüber sind wir verpflichtet, mit Klarheit unsere Überzeugungen darzulegen, so wie wir auch seine Überzeugungen respektieren.
Skeptizismus, Relativismus und das „schwache Denken" schaffen es nicht, die angemessene Sprache für einen wirklich respektvollen und nützlichen Dialog zu finden. Die große Herausforderung ist es, ihn zu Ende zu führen, ohne die Wahrheiten und ihre Tragweite, an die wir glauben, zu verheimlichen oder herabzusetzen. Es ist eine Herausforderung an den Glauben und an die Aufrichtigkeit.[69] Nach dieser Aussage tut einmal mehr die Fähigkeit des Zuhörens und der Öffnung gegenüber dem not, was der Herr uns von anderen Bereichen des Menschseins, der Kultur und der Religion her sagen kann. Es scheint offensichtlich paradox, daß die Fähigkeit des Hörens auf andere um so größer ist, je stärker unsere Überzeugung und je transparenter unsere christliche Identität ist.
Die vorrangige Option für die Armen und Ausgegrenzten, der Grundpfeiler der biblischen Botschaft, ist heute ein wesentliches Element der christlichen und kirchlichen Identität. Ihre Bezugnahme auf den himmlischen Vater, der uns das Geschenk seines Reiches und seiner Gerechtigkeit macht, ist grundlegend, ihre christologische Grundlegung ist klar und evident,[70] sie trägt das Siegel der Liebe und der

Freiheit, die uns der Heilige Geist bringt. Die genannte Option ist ein Bestandteil kirchlicher Identität. Auf diese Weise trägt sie, ausgehend von einem eigenen Wesenszug der christlichen Botschaft, dazu bei, im Schoß der kirchlichen Gemeinschaft und außerhalb mit anderen Perspektiven in Dialog zu treten. Eine bescheidene, aber feste christliche und kirchliche Identität zu vertiefen und auf diese Weise eine fruchtbare Evangelisierung vorwärtszubringen, ist heute eine der angesichts vieler Unsicherheiten, Infragestellungen und auch Möglichkeiten der gegenwärtigen Welt anspruchsvollen Aufgaben der Theologie. Das gilt sicherlich gleichermaßen für die Theologie der Befreiung.

Eine Ethik der Solidarität

Die Eingeborenen Lateinamerikas haben eine jahrhundertealte Praxis der Solidarität und der Gegenseitigkeit. Wir denken an das Beispiel der Leiharbeit, die die Mitglieder ein und derselben Gemeinschaft untereinander leisten.[71] Man kann von dieser Erfahrung, die nicht nur der Vergangenheit angehört, sondern die in unseren Tagen durchaus Gültigkeit besitzt, viel lernen.

Im übrigen sind in letzter Zeit der Begriff der Solidariät und das Nachdenken über ihn häufig Thema auf dem Kontinent. Für die Christen drückt die Solidarität eine tatkräftige Liebe zu allen Mitgliedern der Gesellschaft und besonders zu den Wehrlosesten unter ihnen aus. Es handelt sich nicht nur um persönliche Gesten, die Solidarität ist ein Erfordernis für die gesamte Gemeinschaft und bedeutet den Einsatz der ganzen Kirche.

Heute hat die Frage der Solidarität internationale Bedeutung. Und sie ist um so dringender, als mächtige Denkströmungen, die mit dem Neoliberalismus und der Postmoderne verbunden sind, im Namen eines radikalen Individualismus das solidarische Verhalten in Verruf bringen und ablehnen. Sie betrachten es als veraltet, wirkungslos und ebenso – auch wenn das merkwürdig erscheinen mag – unzweckmäßig für die Entwicklung der Völker, besonders für ihre verlassensten Mitglieder. Deshalb werten sie – sie scheuen sich nicht, dieses Wort zu gebrauchen – den Egoismus auf, den sie als einen Ansporn sehen, sich wirtschaftlich zu betätigen und Reichtümer anzuhäufen, Vorgänge, die gemäß diesen Denkströmungen überhaupt nicht die Armen betreffen. Auf der anderen Seite aber kommt dieses Element dem vorherigen entgegen: Der Teil der Menschheit, der von den neuen Formen des technologischen Wissens profitiert, neigt dazu, sich in sich selbst zu verschließen und die Solidarität mit jenen zu brechen, mit denen er immer weniger kommuniziert.[72]

Seit seinem Schreiben über die menschliche Arbeit hat Johannes Paul II. wiederholt zur Solidarität aufgerufen, zur Solidarität unter den Arbeitern, unter den Armen im allgemeinen und selbstverständlich auch zwischen den reichen und armen Ländern. In seinem Text über das dritte Jahrtausend zeigt er ausgehend von Lukas 4,16–20 die Bedeutung des biblischen Themas des Jubiläums als Ausdruck der Solidarität für die Lage der Welt auf, denn das Jubeljahr war „bekanntlich (...) eine Zeit, die in besonderer Weise Gott gewidmet war" (Tertio millennio adveniente 11).

In dem lukanischen Text ist das Schlüsselthema die Freiheit. Wie wir wissen, stützt es sich auf Jesaja (61,1 f; Anm. des Übers.). Auf die Befreiung spielen drei seiner Äußerungen an *(Befreiung der Gefangenen, Augenlicht für die Blinden* – gemäß dem hebräischen Text des Propheten heißt es: für die Gefangenen –, *Freiheit für die Unterdrückten* [Herv. vom Übers.]). Die Freiheit von jeder Form des Todes (Sünde, Unterdrückung) ist so an die Gleichheit gebunden, mit deren Wiederaufrichtung notwendigerweise in einem Gnadenjahr wiederbegonnen werden soll, das nichts anderes ist als eine Zeit der Solidarität. All das stellt den Inhalt der Frohbotschaft dar, die den Armen verkündet werden soll. In Anlehnung an diesen Abschnitt drängt

Johannes Paul II. darauf, in Wort und Tat erneut die messianische Botschaft Jesu zu verkünden.
Zwei Konsequenzen daraus sind für unseren Einsatz und unsere theologische Reflexion von besonderer Bedeutung. Die erste betrifft die Aktualisierung und Vertiefung eines Themas biblischer und patristischer Verwurzelung: die universelle Bestimmung aller Güter der Erde. Heute ist es mehr denn je angebracht, daran zu erinnern, daß Gott dem ganzen Menschengeschlecht das zu seinem Unterhalt Notwendige gegeben hat. Die Güter dieser Welt gehören nicht ausschließlich bestimmten Personen oder sozialen Gruppen, was auch immer ihre Stellung in der Gesellschaft oder ihre Kompetenz sei, sie gehören allen. Nur in diesem Rahmen ist die private Aneignung des für die Existenz Notwendigen und des für eine bessere Sozialordnung Angemessenen zu akzeptieren.
Diese Frage war seit den Anfängen der neueren Soziallehre der Kirche gegenwärtig (vgl. Leo XIII.), aber ihre Schwerkraft ist immer größer geworden und sie erlangt eine neue Tragweite.[73] Die Behauptung, daß die Güter der Welt eine universale Bestimmung haben, muß bearbeitet und vertieft werden angesichts einer Wirtschaftsordnung, die eine natürliche Ordnung sein soll, die sich – von der berühmten „unsichtbaren Hand" bewegt – zum Wohlsein aller selbst reguliert, die aus Gewinn und Verbrauch einen bedingungslosen Motor der wirtschaftlichen Aktivität macht, die die Erde ausbeutet und auf der Suche nach Orten ist, an denen sie den Industriemüll entsorgen kann.
Entgegen dem, was einige denken oder einwerfen können, wird die Reflexion über diese Frage zeigen, daß es sich nicht um eine illusorische oder romantische Vision des gesellschaftlichen Zusammenlebens handelt. Sie ist vielmehr eine Einstellung, die berufen ist, aus Gründen des Glaubens an den Gott des Lebens und der menschlichen Solidarität sowie – wichtig auch das – aus Gründen geschichtlicher Wirkung die persönlichen Energien zu mobilisieren.[74] Wir

haben deutliche Beispiele für diese Verpflichtung in unseren Tagen. Wenn man so will, ist das eine utopische Perspektive, utopisch jedoch im wirklichkeitsbezogenen Wortsinn, der eine unmenschliche Situation ablehnt und sich gerechte und von der Zusammenarbeit zwischen den Menschen geprägte Beziehungen vorstellt.[75] Man verwende den Begriff Utopie oder auch nicht – wichtig ist hier, sich nicht mit dem Leiden, Hunger und Fehlen der Freiheit für so viele Menschen sowie mit der Abwesenheit demokratischer Transparenz in vielen Nationen abzufinden. Wesentlich ist ebenfalls die Überzeugung, daß die Fortschritte der Menschheit eine von der jetzigen unterschiedene Situation vorstellbar machen.

Die zweite Konsequenz, die wir hervorheben möchten, steht in Beziehung mit dem niederdrückenden Problem der Auslandsschulden. Es ist klar, daß die armen Länder sie nur um den Preis des Lebens und der Leiden enormer Schichten ihrer Bevölkerung bezahlen können. Deshalb ist die Angelegenheit vor allem eine ethische. Auf gewisse Weise ist jede wichtige wirtschaftliche Frage, die das Leben der Menschen betrifft, eine ethische Frage. Aber in der Frage der Außenschulden stehen wir vor etwas derart Offensichtlichem, daß die Behauptung, es handle sich um eine technische Frage, eine Ungeheuerlichkeit ist. Zweifelsohne gibt es hier geteilte Verantwortlichkeiten. Auch wenn es sicher ist, daß die Krise der siebziger Jahre internationale Agenturen, Banken und Länder dazu brachte, ihr Geld in den armen Nationen anzulegen, können wir den Anteil der politisch und wirtschaftlich Verantwortlichen der Entwicklungsländer nicht ausblenden.

Aber offensichtlich ist, daß die Bezahlung der Schulden Millionen von Armen nicht einmal einen Platz zum Schlafen lassen würde – sie tut es schon jetzt nicht. Man kann viele Gründe für einen Schuldenerlaß anführen.[76] Der entscheidende Grund ist die Ethik – im Blick auf Leben und Tod so vieler Menschen. Das kirchliche Lehramt hat sich in der Hinsicht klar geäußert.[77] Die Kirche, die gleichzeitig in den reichen Ländern und in den armen Nationen anwesend ist, spielt in dieser Angelegenheit eine wichtige Rolle. Das symbolische Datum (die großen historischen Daten sind immer symbolisch) des Jahres 2000 wird durch das Jubiläum hervorgehoben, das in „Tertio millennio adveniente" vorgeschlagen wird.[78] Die biblische Bedeutung der Freude angesichts der Liebe des Herrn, der Verkündigung der Freiheit, der Wiederherstellung der Gleichheit und der Gerechtigkeit sowie der Verkündigung der Frohbotschaft an die Armen ist ein Anruf an die Solidarität, die Reflexion und an die Kreativität. Das Los der Armen und Ausgegrenzten und das, was es hinsichtlich unserer Treue gegenüber dem Gott Jesu Christi mit sich bringt, zeigt sich als eine anspruchsvolle und fruchtbare Herausforderung für die Theologie der Befreiung und die Theologie im allgemeinen.

Der Gott des Lebens

Die Armut, auf die wir uns zuvor bezogen haben, bedeutet in letzter Konsequenz den Tod, den physischen Tod vieler Menschen und den kulturellen Tod durch das Übergehen so vieler anderer Menschen.[79] Die Wahrnehmung dieser Situation führte dazu, daß vor ein paar Jahrzehnten das Thema des Lebens unter uns kraftvoll auftauchte, das Thema des Lebens als Gabe des Gottes unseres Glaubens. Die bald einsetzende Ermordung von Christen aufgrund ihres Zeugnisses machte die Theologie der Befreiung noch dringlicher.[80] Eine Reflexion über die Erfahrung von Verfolgung und Martyrium hat einer Theologie des Lebens Kraft und Bedeutung verliehen, was verständlich machte, daß die Option für die Ärmsten gerade eine Option für das Leben ist.
Es geht in letzter Konsequenz um eine Entscheidung für den Gott des Lebens, für den „Freund des Lebens", wie es im Buch der Weisheit (11,25) heißt. In diesen Aussagen finden

wir eine Weise, den Glauben und die Hoffnung auszusagen, die den christlichen Einsatz befruchtet. Die nahe Erfahrung von Gewalt und ungerechtem Tod verträgt sich nicht mit Ausflüchten oder abstrakten Betrachtungen über die Auferstehung Jesu, ohne die unser Glaube laut Paulus vergeblich wäre. Sie sensibilisiert uns ebenfalls für die Gabe des Lebens, die wir von Gott empfangen, ein Leben, das sowohl die geistlichen und religiösen Aspekte als auch jene Aspekte umfaßt, die wir gewöhnlich materiell und körperlich nennen.

Auf der anderen Seite hat die Erfahrung dieser Jahre die Perspektiven der gesellschaftlichen Solidarität erweitert. Die Erfahrung muß die Bedeutung einer respektvollen Verbindung mit der Natur mit einschließen. Die ökologische Frage betrifft nicht nur die Industrieländer, jene, die eine größere Zerstörung im natürlichen Lebensraum des Menschen bewirken. Wie zahlreiche Studien und kirchliche Texte gezeigt haben, betrifft sie die ganze Menschheit. Zu Recht wird gesagt, daß der Planet Erde ein großes Schiff ist, auf dem wir alle Passagiere sind. Dasselbe Bild kann uns aber auch helfen, daran zu erinnern, daß in diesem gemeinsamen Boot bestimmte Leute erster Klasse, andere aber dritter Klasse reisen. Sicherlich entgeht niemand der Aufgabe, die Zerstörung des Lebens in unserer natürlichen Umgebung zu verhindern, aber von diesem Boden aus müssen wir das Augenmerk auf das richten, was die Schwächsten der Menschheit betrifft. Und somit unseren Glauben an den Gott des Lebens bekräftigen, besonders inmitten der Völker, die immer schon einen geheiligten Sinn für die Erde hatten.

Diese Perspektive kann sich auf die Korrekturen berufen, die die Bibel einer übertriebenen Interpretation des „Macht euch die Erde untertan" (vgl. Gen 1,28) entgegenhält. Diese Interpretation hat die moderne westliche Welt durch das verwirklicht, was Habermas die instrumentelle Vernunft nennt. Wir finden solche Korrekturen zum Beispiel im Buch

Hiob, dessen Autor betont, daß nicht der Mensch, sondern die sich schenkende Liebe Gottes das Zentrum und der Sinn alles Geschaffenen ist. Eine Theologie der Schöpfung und des Lebens kann der Theologie Sauerstoff zuführen, die ausgehend von der Sorge um die Gerechtigkeit betrieben wird. Folglich hilft sie uns, den Horizont zu erweitern.[81] Hier gibt es eine Aufgabe, die für die theologische Reflexion über die Befreiung mit Sicherheit fruchtbar ist.

Diese Aufgabe wird uns sensibler machen für die ästhetischen Dimensionen des Vorgangs der integralen Befreiung, und dafür, daß sie aus diesem Grund selbst alle Aspekte des Menschen in Betracht ziehen will. Das Recht auf die Schönheit ist ein Ausdruck – und in gewisser Weise ein dringlicher – des Rechts auf Leben. Der Mensch ist Notwendigkeiten, aber auch Wünschen unterworfen, und in diesem Punkt haben die Vertreter der Postmoderne recht. Unsere körperliche Verfassung vereint uns auf besondere Weise mit der natürlichen Welt. Sie ist Quelle der Freude über das Geschenk des Lebens. Aber sie ist selbstverständlich auch ein Anruf; der oftmals ausgehungerte und schmerzende Körper des Armen stöhnt auch in der ängstlichen Erwartung des „Offenbarwerdens der Kinder Gottes", wie Paulus in einem schönen und etwas geheimnisvollen Text sagt (Röm 8,19).

Ein Erweis des Einsatzes für das Leben ist die Verteidigung der Menschenrechte. Die diktatorischen Regierungen Lateinamerikas und der Karibik führten in den siebziger Jahren dazu, daß viele Energien auf diese Bemühung verwandt wurden. Es war ein Weg, um ein notwendiges demokratisches Zusammenleben zu fordern. Diesem verpflichtet, beschränkte er sich nicht darauf, die gravierenden Mißbräuche der Autorität anzuprangern, sondern zeigte auf die politische Instabilität und die soziale Ungerechtigkeit, die den Nährboden anderer Gewalttätigkeiten abgeben.

Es ist von Vorteil, an dieser Stelle den Hinweis von Johannes Paul II. hinsichtlich der „menschlichen Umwelt" in Erinnerung zu rufen (nachdem von der natürlichen Umwelt die Rede war), die ihn in Beziehung zur gesellschaftlichen Struktur von der „Humanökologie" sprechen läßt (vgl. Centesimus annus 38–39).[82] Das Leben, das als Geschenk Gottes angesehen wird – wir stehen hier vor einem zentralen und neuartigen Thema.

Die Theologie hat eine wichtige Aufgabe vor sich, um den Glauben zu vertiefen an einen Gott nicht der Furcht, sondern an einen Gott, der, wie A. Camus sagt, „mit dem Menschen bei den herzhaften Spielen des Meers und der Sonne lacht". An einen Gott des Lebens und der Freude.

Schluß

Die gegenwärtige Zeit zeigt uns die Vordringlichkeit von etwas, das sehr elementar erscheinen kann: dem menschlichen Dasein Sinn zu geben. Verschiedene Faktoren, die auf diesen Seiten angeführt wurden, konvergieren, um die Bezugspunkte zu schwächen oder zu zerstreuen, die die Menschen von heute, vielleicht besonders die jungen, nur mit Schwierigkeit das Warum und das Wozu ihres Lebens erkennen lassen. Ohne diesen Sinn des Lebens verliert unter anderem der Kampf für eine gerechtere Ordnung und menschliche Solidarität Energien und es fehlt ihm an Biß. Eine wesentliche Aufgabe der Verkündigung des Evangeliums heute ist es, dem Leben Sinn zu geben. Vielleicht sahen wir das in den ersten Momenten der theologischen Arbeit in Lateinamerika als selbstverständlich und erreicht an, wie wir auch die Ermutigung durch den Glauben und die Bekräftigung grundlegender Wahrheiten der christlichen Botschaft für gegeben hielten. Wie dem auch immer sei, sicher ist es gegenwärtig notwendig, sich um die Grundlagen der Umstände des Menschseins und des Glaubenslebens zu sorgen. Einmal mehr scheint es uns, daß der Einsatz für den Armen als Option, die auf die sich schenkende Liebe Gottes ausgerichtet ist, in dieser Angelegenheit von großer Bedeutung ist. Sie ordnet sich in das ein, was wir auf den vorhergehenden Seiten als Spannung zwischen Mystik und geschichtlicher Solidarität beschrieben haben. Das ist nur eine vielleicht etwas abstrakte Art, zu wiederholen, was das Evangelium in aller Einfachheit sagt: Die Liebe zu Gott und die Liebe zum Nächsten, dies faßt die Botschaft Jesu zusammen.[83]

Das ist das wirklich Wichtige. Ich muß bekennen, daß ich weniger um das Interesse oder das Überleben der Theologie der Befreiung besorgt bin als um die Leiden und die Hoffnungen des Volkes, dem ich angehöre, und besonders um die Weitergabe der Erfahrung und der Botschaft von der Rettung in Jesus Christus. Dieser letztere ist der Inhalt unserer Liebe und unseres Glaubens. Eine Theologie, so bedeutsam ihre Funktion auch sei, ist nur ein Mittel, sich in diese Liebe und diesen Glauben zu vertiefen. Die Theologie ist eine Hermeneutik der wie ein Geschenk des Herrn gelebten Hoffnung. Deshalb geht es tatsächlich darum, der Welt die Hoffnung zu verkünden in dem Moment, den wir als Kirche leben.

Die gemeinsame Zukunft der einen Kirche: Solidarität in Christus

Von Gerhard Ludwig Müller

Die Beiträge von Gustavo Gutiérrez haben uns in Europa eines deutlich vor Augen geführt: Ungerechtigkeit in der Welt ist ein bestehender Faktor, der nur durch die Bereitschaft überwunden werden kann, den Blick aller Menschen auf Christus zu richten. Die alles entscheidenden Fragen des Menschen nach seiner Herkunft, seinem Ziel und die Weise seiner Existenz finden ihre Erfüllung und ihre Aufschlüsselung in der Bereitschaft, Christus als den Herrn und Vollender des Menschen anzuerkennen. Nun liegt hierin auch für die Theologie in Europa ein neuer Impuls. Die Ausrichtung auf Jesus Christus, den Erlöser und Befreier der ganzen Menschheit, ist zum selbstverständlichen Topos jeder Theologie geworden.

Aber begreifen wir die Lebensumstände in den Ländern Südamerikas adäquat? Die bedrückende Armut, die Tausenden von Kindern, Alten und Kranken täglich das Leben kostet, weil eine Grundausstattung an lebenswichtiger Versorgung nicht vorhanden ist. Oder wissen wir um die Angst, die die Menschen erleiden, die in ihrer Krankheit gefangen sind und oftmals nur den schweigenden Hoffnungsschimmer des Todes als Ausweg akzeptieren müssen, aber gleichzeitig wissen, daß in Europa die medizinische Ausstattung mittels eines kleinen Eingriffs das Leben retten würde?

Zu den existentiellen Nöten und Gefahren tritt als demütigende Form der bewußten Unterdrückung die mangelnde Bildung hinzu. Und es kann geradezu ein Aspekt der bewußten Unterdrückung der Armen sein, diese gravierende

Armutsursache nicht als Problem zu erkennen und zu beheben. Die zur Selbstverständlichkeit gewordene Schulbildung in weiten Teilen der Welt erzeugt gegenüber den Ländern der sogenannten Dritten Welt das Gefühl der Überlegenheit. Sind hier nicht die Wurzeln der Ausbeutung, der geistigen sowie der materiellen, festzumachen?
So verwundert es doch, wenn in der unmittelbaren Begegnung mit den Menschen in Südamerika, die Freude und Lebendigkeit des Glaubens spürbar und sichtbar wird. Offen bezeugter und mit Liebe vermittelter Glaube zählen zu den größten Schätzen gerade dieser Menschen, die von den alltäglichen Sorgen um das eigene Leben bedrängt sind.
In vielen Begegnungen ist mir dieser frohe und gelebte Glaube selbst zum Motor und zur Inspiration geworden. Sich besinnen auf die wesentlichen Konditionen des Menschseins. Sich zu überantworten an Gott, den Schöpfer und Vollender aller Menschen. Das tägliche Leid ist die Realität, die den Menschen in Südamerika die Vaterunserbitte nach dem täglichen Brot sprechen läßt. Es ist nicht die konsumorientierte Sattheit, sondern der ungeheure Hunger, der die Lippen bewegt.
In der wirtschaftlich und politisch angespannten Situation der Länder Lateinamerikas sehen die Menschen ihre einzige Hoffnung und ein Stück Geborgenheit und existentieller Sicherheit in der Kirche. Ihre ganze Biographie teilen diese Menschen in Südamerika mit ihr. Gegenüber der Selbstverständlichkeit, seinen Glauben zu bekennen, ihn auszuüben, gegenüber dem Vertrauen, das der Kirche und der Theologie entgegengebracht wird, werden häufig angezeigte Probleme von Vertretern der deutschen Theologie und des kirchlichen „Establishments" zu unscheinbaren Themen.
Ist es nicht so, daß in Deutschland die zerstörende und nörgelnde „Kritik" an der Kirche nahezu zum eigentlich Christlichen hochstilisiert wurde? Können wir hier nicht von den Menschen lernen, die sich der Kirche anvertrauen, weil sie in ihr den leuchtenden Bezugspunkt in ihrem Leben sehen?

Manche bürgerlichen und etablierten Theologen in Deutschland sind sich oft selbst im Weg. Fordern sie auf der einen Seite einen Neuanfang, einen Aufbruch der Kirche in das neue Jahrtausend, blockieren sie sich gleichzeitig mit Themenkomplexen, die genau diesen Aufbruch verhindern. Interessant und glaubwürdig ist die Kirche dann, wenn sie sich als Sakrament in der Welt und für die Welt versteht (Lumen gentium 1), das die unverbrüchliche Verbindung mit Gott herstellt und so den Menschen in seine eigentliche Bestimmung führt. Die Radikalität der kirchlichen Verkündigung liegt doch in der Andersartigkeit gegenüber zur Welt. Sie entlarvt die Verdiesseitigung des Menschen, die ihn in letzter Konsequenz seiner eigentlichen Grunddisposition als Geschöpf Gottes beraubt. Aus der Geschöpflichkeit folgt seine Personalität, seine Würde, die im Rückbezug auf Gott ihre Unantastbarkeit und Unverfügbarkeit erhält. Statt auf immer wiederkehrenden Forderungen, die angesichts der Not der Menschen in Lateinamerika völlig belanglos werden, zu beharren, wäre es angebracht, auf die Leuchtkraft des uns alle erlösenden Glaubens hinzuweisen. Unbestreitbar groß ist der Einsatz der Kirche in Südamerika. Der Fleiß und die Bereitschaft, sich für die Belange gerade der Ärmsten einzusetzen, ist real umgesetzter und gelebter Glaube. Die Verantwortung ist groß. Viele Sekten und pseudoreligiöse Gruppen bahnen sich einen Weg zu den Menschen. Hier Hilfen anzubieten, ist eine wichtige Aufgabe, die die europäischen Christen leisten könnten, weil die südamerikanischen Gemeinden ohne finanzielle Mittel oft hilflos den finanzkräftigen Sekten gegenüberstehen. Die Kirche dient dem globalen Zusammenwachsen, indem sie eine Einheit auf einer ganz anderen Ebene herbeiführt, als es die rein natürlichen Verbindungen vermögen.

Mein besonderer Dank gilt meinem Freund Gustavo Gutiérrez. Er hat in den vergangenen Jahrzehnten die zentralen, kohärenzstiftenden Strukturen der sogenannten Theologie der Befreiung erläutert und in mehrfacher Auflage eine Gesamtschau vorgelegt. Die Erinnerung an die oftmals heftig diskutierte Theologie der Befreiung ist jedoch kein abgeschlossenes Kapitel der Theologiegeschichte. Gerade Gustavo Gutiérrez erklärt uns mit der Erweiterung unseres auf Europa konzentrierten Blickwinkels, was es bedeutet, Weltkirche zu sein. Die katholische Kirche hat mit der Theologie der Befreiung ihre interne Pluralität weiter ausbauen können. Die Theologie Lateinamerikas legt neue, zusätzliche Aspekte in der Theologie frei, die sich einer oftmals verkrusteten Ausprägung in Europa ergänzend zur Seite stellen.

Die ekklesiologische Rede von der Communio, der weltumspannenden Gemeinschaft der Kirche, über ethnischen und nationalen Kategorien stehend, ist auch der Versuch, die weltumspannende Gemeinschaft der Gläubigen zu einer verantwortlichen Solidarität zu führen. „Was ihr dem Geringsten meiner Brüder getan habt, das habt ihr mir getan" (Mt 24,40). Als Christen dürfen wir uns dieser Verantwortung nicht entziehen. Wir dürfen nicht blind gegenüber der Not und der Armut bleiben, die unsere Brüder und Schwestern im Glauben an Jesus Christus erdulden müssen. Das Zweite Vatikanische Konzil hat der weltweiten Verantwortung der Christen in seiner Pastoralkonstitution über die Kirche in der Welt von heute mit folgenden Worten Ausdruck verliehen: „Freude und Hoffnung, Trauer und Angst der Menschen von heute, besonders der Armen und Bedrängten aller Art, sind auch Freude und Hoffnung, Trauer und Angst der Jünger Christi" (Gaudium et spes 1). Das Konzil sieht sich einer enger zusammengewachsenen Menschheitsfamilie verpflichtet. Die hier angesprochene Katholizität in ihrer ursprünglichen Beschreibung als universal, alles umspannend, findet auch in der Konstitution über die Kirche ihren Niederschlag, in der die Rede von den „heutigen Zeitverhältnissen" ist, die der Kirche „eine noch dringlichere Bedeutung" gibt, „damit nämlich alle Menschen, die heute durch vielfältige soziale, technische und kulturelle Bande enger miteinander verbunden sind, auch die volle Einheit in Christus erlangen" (Lumen gentium 1). Die eine Kirche Jesu Christi überspringt die trennenden Barrieren der nationalen, ethnischen und politischen Mauern und führt die Menschen zur innigsten Vereinigung mit Gott und untereinander (vgl. ebenfalls Lumen gentium 1). Die Bibel beschreibt uns Christus als Retter, der uns Befreiung und Erlösung bringt. Er befreit den Menschen von der Sünde persönlicher wie struktureller Art, die letztlich die Ursache des Bruchs von Freundschaft, die Ursache einer jeden Ungerechtigkeit und Unterdrückung ist. Nur Christus macht uns in Wahrheit frei, führt uns zu der Freiheit, die uns von Gott geschenkt wurde. Aus dieser Freiheit heraus sind wir aufgerufen, den Menschen zu helfen, weil jeder Arme und Bedürftige unser Nächster ist.

So möchte ich dieses Buch verstehen als Beitrag zur Überwindung der Gleichgültigkeit gegenüber dem Leid und der Not unserer Brüder und Schwestern, aber auch als Koordinatensystem für die richtige Einordnung der Theologie der Befreiung. Sie lenkt unseren Blick auf Christus, der als unser Retter und Erlöser das Ziel ist, dem wir unaufhaltsam entgegenstreben dürfen. Gustavo Gutiérrez hat es einmal – ganz einfach und biblisch – so ausgedrückt: „Christsein besteht darin, Jesus nachzufolgen."
Nachfolge bedeutet ein konkretes Handeln. „Wer aber die Wahrheit tut, kommt zum Licht, damit offenbar wird, daß seine Taten in Gott vollbracht sind" (Joh 3, 21). Damit gibt uns der Herr selbst die Anweisung, sich auf unmittelbare Weise für die Armen einzusetzen. Das Tun der Wahrheit bringt uns an die Seite der Armen.

Anmerkungen

Die Theologie: eine kirchliche Aufgabe
(Gustavo Gutiérrez)

*) aus: Pàginas 19 (1994) Nr. 130, 10-17.

1) Kongregation für die Glaubenslehre, *Instruktion über die kirchliche Berufung des Theologen* (1990) (= Verlautbarungen des Apostolischen Stuhls 98, hg. v. Sekretariat der Deutschen Bischofskonferenz) 7.

2) *Instruktion ü. d. kirchliche Berufung des Theologen* (wie Anm. 1) 7.

3) Papst Johannes Paul II., *Eröffnungsansprache in Santo Domingo* (1992) (= Stimmen der Weltkirche 34, hg. v. Sekretariat der Deutschen Bischofskonferenz) 7.

4) *Neue Evangelisierung. Förderung des Menschen, christliche Kultur. Jesus Christus, gestern, heute und in Ewigkeit. Schlußdokument der IV. Generalversammlung des Lateinamerikanischen Episkopates in Santo Domingo, Dominikanische Republik, 12.-28. Oktober 1992* (= Stimmen der Weltkirche 34, hg. v. Sekretariat der Deutschen Bischofskonferenz) 33.

5) *Instruktion ü. d. kirchliche Berufung des Theologen* (wie Anm. 1) 11.

6) Kongregation für das Katholische Bildungswesen, *Die theologische Ausbildung der künftigen Priester* (1976) 18.

7) Vgl. Päpstliche Bibelkommission, *Die Interpretation der Bibel in der Kirche* (1993) (= Verlautbarungen des Apostolischen Stuhls 115, hg. v. Sekretariat der Deutschen Bischofskonferenz) 98: „Als geschriebenes Wort Gottes hat die Bibel einen Sinnreichtum, der nicht voll und ganz ausschöpfbar ist und in keiner systematischen Theologie adäquat eingeschlossen werden kann".

8) *Santo Domingo* (wie Anm. 4) 33.

9) Vgl. *Die theologische Ausbildung der künftigen Priester* (wie Anm. 6) 64.

10) *Santo Domingo* (wie Anm. 4) 24.

11) Enzyklika *Laborem exercens* (1981) (= Verlautbarungen des Apostolischen Stuhls 32, hg. v. Sekretariat der Deutschen Bischofskonferenz) 11.

12) Bezüglich der Aufgabenstellung der Humanwissenschaften und der Theologie und der notwendigen kritischen Unterscheidung als Voraussetzung einer Zusammenarbeit unter Vermeidung der Übernahme fremder weltbildlicher Implikate, die womöglich dem Glauben entgegengesetzt sind, vgl. die *Instruktion ü. d. kirchliche Berufung des Theologen* (wie Anm. 1) 10; ebenso die beiden Instruktionen der Glaubenskongregation über die Theologie der Befreiung von 1984 u. 1986; auch: Gustavo Gutiérrez, *La verdad los hará libres,* Lima 1986, 22–23, 83–85.

13) *Die Evangelisierung Lateinamerikas in Gegenwart und Zukunft. Schlußdokument der III. Generalversammlung des Lateinamerikanischen Episkopates in Puebla, 13. Februar 1979* (= Stimmen der Weltkirche 8, hg. v. Sekretariat der Deutschen Bischofskonferenz) 329.

14) II. Vatikanisches Konzil, *Dogmatische Konstitution über die Kirche „Lumen gentium"* (in: Kleines Konzilskompendium, hg. v. Karl Rahner / Herbert Vorgrimler, Freiburg 17. Aufl. 1984) 1.

15) Papst Johannes Paul II, *Ansprache bei der Begegnung mit Theologieprofessoren in Altötting am 8. Nov. 1980,* (= Verlautbarungen des Apostolischen Stuhls 25, hg. v. Sekretariat der Deutschen Bischofskonferenz) 167-172, hier 171.

16) *Die theologische Ausbildung der künftigen Priester* (wie Anm. 6) 21.

17) Puebla (wie Anm. 13) 329.

18) Schreiben an die Vollversammlung der Brasilianischen Bischofskonferenz vom 9. April (in: Der Apostolische Stuhl 1986,1229 f.) 6. (Das Zitat aus der Ansprache an den CELAM findet sich nachgewiesen in Anm. 55, S. 180; Anm. d. Übers.)

19) *Santo Domingo* (wie Anm. 4) 179.

20) *Santo Domingo* (wie Anm. 4) 287-301.

21) *Santo Domingo* (wie Anm. 4) 180.

22) *Santo Domingo* (wie Anm. 4) 288; vgl. 4–15, 159-165.

23) Vgl. *Puebla* (wie Anm. 13) 31-39.

24) Vgl. *Santo Domingo* (wie Anm. 4) 178 f.

Befreiende Erfahrung: Impulse für die europäische Theologie (Gerhard Ludwig Müller)

1) G. Gutiérrez, *Theologie der Befreiung*, Mainz 10. Aufl. 1992, 83
2) *Theologie der Befreiung* (wie Anm. 1) 362 f.
3) Zit. nach *Theologie der Befreiung im Gespräch*, hg. v. P. Eicher, München 1985, 40 f.
4) Zitat und Belege von S. 24 f. (Gutiérrez).
5) Zitat und Belege von S. 25 ff. (Gutiérrez).

Die Lage und die Aufgaben der Theologie der Befreiung (Gustavo Gutiérrez)

1) Anm. d. Übers.: Gutiérrez spricht oft nur von „Reich" statt vom „Reich Gottes". Möglicherweise soll dadurch auf das Nicht-Jenseitige des Gottesreiches hingewiesen werden.
2) Aus diesem Grund müßte man diejenigen, die sich merkwürdigerweise fragen, ob die Theologie der Befreiung nach den Ereignissen, die der Fall der Mauer in Berlin symbolisiert (ein Ereignis, das auf internationaler Ebene zweifelsohne von enormer Bedeutung ist) noch Geltung besitzt, daran erinnern, daß der geschichtliche Ausgangspunkt dieser Reflexion nicht die Situation der Länder Osteuropas war. Er war und ist sicherlich auch weiterhin die unmenschliche Armut unseres Kontinents und unsere Lesart von ihr im Licht des Glaubens: ein Zustand der Dinge und der Theologie, die hinsichtlich des Wesentlichen wenig mit dem Zusammenbruch des realexistierenden Sozialismus zu tun haben.
3) Einer der herausragenden Faktoren dieses Prozesses war, wie wir wissen, das wissenschaftliche Denken. Dieser Punkt hat mit der Entwicklung von Aspekten der Wissenschaft, der Biogenetik zum Beispiel, die der christlichen Sicht vom Leben ernsthafte Fragen stellen, neue Dringlichkeit erhalten.
4) Siehe diesbezüglich die wichtige *Geschichte des Zweiten Vatikanischen Konzils*, hg. v. G. Alberigo, 3 Bde., Mainz 1997–2002, die gerade in verschiedenen Sprachen veröffentlicht wird.
5) Vgl. S. 111–126: G. Gutiérrez, *Wo werden die Armen schlafen?*

6) Siehe zum Beispiel J. Dupuis, *Vers une théologie chrétienne du pluralisme religieux*, Paris 1997.
7) Eine kurze Darstellung des Ganzen kann man nachlesen bei M. Fédou, *Les religions selon la foi chrétienne*, Paris 1996.
8) Das wird uns erlauben, bibliographische Hinweise zu diesen Themen zu geben, auf die wir jetzt verzichten. Siehe jedoch die Hinweise, die sich in: *Wo werden die Armen schlafen?*, S. 111–162, befinden.
9) Das wird in Formulierungen ausgedrückt, die sich seit den frühen Schriften dieser Theologie finden lassen. Hinsichtlich des Armen ist bei wiederholten Gelegenheiten von „Völkern, Rassen und gesellschaftlichen Klassen" *(Teología de la liberación* [deutsch: wie Anm. 1 auf S. 171] Lima 1971, 226, vgl. auch 251, 255) und von den „ausgebeuteten Klassen des Volkes, den unterdrückten Kulturen, den diskriminierten Rassen" die Rede *(Praxis de liberación y fe cristiana*, in: *Signos de liberación*, Lima 1973, 65, auch 64, 90, 107, 111, 114 und 125). Ähnliche Ausdrücke gibt es in *Revelación y anuncio de Dios en la historia*, in: *Páginas*, März 1976, 32, 36, 38. Es wird ebenfalls bekräftigt, daß „die Frau dieser Schichten doppelt ausgebeutet, an den Rand gedrängt und geringgeschätzt" wird *(Teología desde el reverso de la historia*, Lima 1977, 34, n. 36, und *La fuerza histórica de los pobres*, in: *Signos de lucha y esperanza*, Lima 1978, 173).
10) Vgl. die diesbezüglichen eindringlichen Erörterungen von N. Bobbio, *Rechts und links*, Berlin 1994.
11) Vgl. sein berühmtes Werk: *Le Saulchoir. Eine Schule der Theologie*, Berlin 2003.
12) *La fuerza histórica de los pobres*, in: *Signos de lucha y esperanza* (wie Anm. 9) 176.
13) Zu diesen Themen siehe die wertvollen Arbeiten von Jon Sobrino.

Befreiungstheologie im Meinungsstreit
(Gerhard Ludwig Müller)

1) *Herderkorrespondenz* 40, 1986, 280.
2) *Summa theologiae* I p.1 a.7.
3) Gustavo Gutiérrez, *Theologie der Befreiung* (wie Anm. 1, S. 171) 11.

4) Gustavo Gutiérrez, *Theologie der Befreiung* (wie Anm. 1, S. 171) 21.
5) *Summa theologiae* III q.69 a.3; I-II q.81 a.1; q.82 a.1 ad 2; III q.8 a.5 ad 1.

Wo werden die Armen schlafen?
(Gustavo Gutiérrez)

*) *¿Dónde dormirán los pobres?*, in: *El Rostro de Dios en la historia*, Lima 1996, S. 9-69.
1) Für eine umfassende Vorstellung und Analyse dieser Zeit vgl. E. Hobsbawm, *Towards the Millennium*, in: *Age of extremes*, London 1994, 558-585 (deutsch: *Das Zeitalter der Extreme*, München 1998). Für den Autor hat das 21. Jahrhundert bereits 1992 begonnen.
2) Vgl. G. Gutiérrez, *Teología: una función eclesial*, in: *Páginas* Nr. 130, Dezember 1994, 10-17.
3) Das brachte Thomas von Aquin kraftvoll und hellsichtig in Erinnerung, vgl. *Summa theologiae* I q.1 a.7.
4) Manchmal wird von kontextuellen Theologien gesprochen wie von einem besonderen Typ der Einsicht in den Glauben. Das hängt von dem ab, was ausgesagt werden soll, denn in gewisser Weise ist jede Theologie kontextbezogen, ohne daß dies ihr Bemühen um dauerhafte Geltung in Frage stellen würde.
5) Radioansprache vom 11. September 1962.
6) Vgl. zum Beispiel im Fall der methodistischen Kirchen Th. W. Jennings, *Good News to the Poor*, Nashville 1990.
7) Die Fortsetzung des Textes lautet: „(...) eine Option, die ich als einen ‚besonderen Vorrang in der Weise, wie die christliche Liebe ausgeübt wird', definiert habe". Enzyklika *Centesimus annus* (1991) (= Verlautbarungen des Apostolischen Stuhls 101, hg. v. Sekrtariat der Deutschen Bischofskonferenz) 11. Zur Präsenz der Option für den Armen in der Soziallehre der Kirche vgl. D. Dorr, *Option for the poor*, Dublin / New York 1983.
8) Aus diesem Grund und aus den Gründen, an die auf den folgenden Zeilen erinnert werden wird, hat der Begriff „Vorrang" eine Schlüsselfunktion in der Formulierung, die wir kommentieren.

9) Dieser Punkt wurde mit aller wünschenswerten Klarheit präzisiert von J. Dupont, *Les Béatitudes,* 3 Bde., Paris 1964-1969. In derselben Richtung siehe J. Schlosser, *Le Règne de Dieu dans les dits de Jésus,* Paris 1980.

10) In dieser Perspektive des Andersseins und in Beziehung mit dem Gleichnis vom barmherzigen Samariter haben wir Lévinas zitiert in: *Teología de la liberación,* Lima 1971 und 2. Aufl. 1982, 251 und 309 entsprechend (deutsch: wie Anm. 1, S. 171).

11) *Wenn Gott ins Denken einfällt,* Freiburg 1985, 116.

12) *Wenn Gott ins Denken einfällt* (wie Anm. 11).

13) Wir befinden uns hier auf einer Ebene, die sich von der rein philosophischen unterscheidet. Lévinas bearbeitet in tiefgehender Weise den Aufruf, der uns vom „Antlitz des Anderen" zugeht (vgl. *Totalität und Unendlichkeit,* Freiburg 1987, 277-318), aber natürlich nicht die Beziehung zur Menschwerdung des Gottessohnes, die außerhalb seines Horizonts liegt.

14) Ein in *Santo Domingo* (wie Anm. 4, S. 169) 178-179 wiederaufgegriffener und vertiefter Text.

15) J. C. Scannone hat die Fruchtbarkeit dieser Ansicht in der philosophischen Arbeit gezeigt, vgl. *La irrupción del pobre y la pregunta filosófica en América Latina,* in: *Irrupción del pobre y quehacer filosófico,* Buenos Aires 1993, 123-140.

16) Der „wilde Kapitalismus" der ersten Zeiten rief die Reaktion der Arbeiter hervor, „die sozialmoralisch gerechtfertigt war" (Laborem exercens [wie Anm. 11, S. 169] 8), die sich organisierten, um ihre Rechte zu verteidigen. Er wurde wegen seines unbarmherzigen Charakters hart kritisiert, im Namen menschlicher und religiöser Grundsätze, die den Wert der menschlichen Person ins Zentrum der Wirtschaft stellten (vgl. die Soziallehre der Kirche). Ihm setzten auch die sozialistischen Bewegungen zu, die die Arbeiterorganisationen ideologisch auszurichten suchten. Und er sah sich eher schlecht als recht der großen Krise von 1929 ausgesetzt. Eines der Ergebnisse dieser Situationen und Debatten war das, was als sozialer Wohlfahrtsstaat bekannt ist, der versuchte, einige der größten Probleme bei der Anwendung des wirtschaftlichen Liberalismus zu dämpfen, der aber nie wirklich in den armen Ländern angewandt wurde. Die großen neoliberalen Wirtschaftswissenschaftler (Hayek, Friedman und andere) unterzogen ihrerseits den Wohlfahrtsstaat einer kritischen Energie, der begonnen hatte, in wirtschaftlicher Hinsicht auf Schwierigkeiten zu stoßen (vgl.

die kluge Analyse dieser Kritiken von A. Hirschman: *Denken gegen die Zukunft,* München 1992). Wir befinden uns derzeitig, und das hat besondere Folgen für die armen Nationen, vor einem Rückfall in die ursprünglichen Forderungen des Kapitalismus, mit der Stärke der weltweiten Dimensionen, die er angenommen hat.

17) Die Situation ist derart offenbar, daß selbst der Geschäftsführer des Internationalen Währungsfonds, trotz seiner Verteidigung des Marktes anerkennt, daß man „das Potential, das die Schwachen und Vernachlässigten erdrückt, nicht übersehen kann, das aus dem Wettlauf des Marktes unter den Umständen der Welt von heute" hervorgeht (M. Camdessus, *Economía ¿para qué futuro?,* in: *La cuestión social año* 4, Nr. 1, März–Mai 1996, 67.

18) Zu diesem Punkt der Nationalökonomien und der globalen Ökonomie siehe R. B. Reich, *The Work of Nations,* New York 1992.

19) Vgl. J. Iguiñiz, *Deuda externa en América Latina. Exigencias éticas desde la Doctrina Social de la Iglesia,* Lima 1995.

20) Diese Tatsache öffnete einen neuen Raum auf internationaler Ebene, aber in ihm wurden nicht automatisch „die Situationen von Ungerechtigkeit und Unterdrückung in der Welt" beseitigt (*Centesimus annus* [wie Anm. 7] 26, siehe dazu auch 42).

21) In dieser Hinsicht sprach man von einer dritten revolutionären Welle in der Geschichte der Menschheit. Das Thema wurde durch die Werke von A. und H. Toffler zum Gemeingut gemacht. Vgl. dazu auch T. Sakaiya, *Historia del futuro: la sociedad del conocimiento,* Santiago de Chile 1994. Das sind Arbeiten mit einem eher optimistischen Ton, vielleicht weniger aufmerksam auf die derzeitige Kehrseite dieser Wissensrevolution für die ärmsten Sektoren der Weltbevölkerung.

22) Die Dependenztheorie (in Wirklichkeit eher ein Sichtweise als eine systematische Theorie), in den Anfängen der Befreiungstheologie in dem Kapitel gegenwärtig, das der Analyse der sozio-ökonomischen Wirklichkeit entspricht, erscheint heute, trotz ihrer unbezweifelbaren Beiträge in den 60er und 70er Jahren, als ein zu kurz greifendes Werkzeug, um die neuen Tatsachen, die neuen Formen der Dependenz zu erklären und um die enorme Komplexität des gegenwärtigen Standes der Dinge zu überblicken (vgl. die Studie von C. Kay, *Latinoamerican theories of development and underdevelopment,* London / New York 1989. Eines jedoch ist die Tatsache der Dependenz, die in vielen Aspekten gewachsen ist, das andere die Theorie, die in einem gegebenen Moment diese Wirklichkeit deutete. Das Ei-

gentliche einer Erkenntnis, die für sich strikte Geltung einfordert, auch auf unsicherem Grund wie dem Sozialen, ist es, für neue Hypothesen und Möglichkeiten offen zu sein.

23) Der Text fährt fort mit sehr harten Begriffen: Die Liebe zum Geld ist „eine jener halb kriminellen, halb krankhaften Neigungen, die man mit einem Schaudern in die Hände von Spezialisten für Geisteskrankheiten legt".

24) Wörtlich: „fair is foul and foul is fair", wie bei Shakespeares' Macbeth (Anm. des Übers.). *Economic possibilities for our grandchildren,* in: *The collected writings, Essays in Persuasion,* Bd. IX, London, 3. Aufl. 1972, 329, 330 f. und 331. Zu einer ethischen und wirtschaftlichen Kritik des wirtschaftlichen Liberalismus siehe unter anderen Arbeiten N. Douglas Meeks, *Gott, der Ökonom,* Neukirchen-Vluyn 2004, H. Assmann / F. Hinkelammert, Götze Markt, Düsseldorf 1992, J. de Santa Ana, *O amor e as paixôes,* Aparecida / São Paolo 1989, und J. Mo Sung, *Deus numa Economia sem Coraçaô,* São Paulo 1992.

25) Vgl. den Kommentar von R. Antoncich, *Trabajo y libertad,* Buenos Aires 1988, 76-95. Seit sechs Jahren veröffentlicht eine Abteilung der Vereinten Nationen (Entwicklungsprogramm der Vereinten Nationen, PNUD) jährlich einen Bericht (Bericht über die menschliche Entwicklung), der „den Menschen ins Zentrum der Entwicklung zu stellen" versucht (Bericht 1995, 15). Das ist ein Grundsatz, der zu der Einsicht führt, daß Wachstum ein notwendiges Mittel zum Zweck der menschlichen Entwicklung ist, das eine aber nicht mit dem anderen zu verwechseln ist. Sich anderer menschlicher Dimensionen bewußt zu sein, erlaubt es, ernsthaft und nachhaltig die Einstellung der entwickelten Länder und der Länder auf dem Weg der Entwicklung zu erneuern sowie auch die Strategie, aus der Unterentwicklung herauszukommen. Vgl. in dieser Hinsicht die bekannten Arbeiten des Wirtschaftswissenschaftlers A. Sen.

26) Es ist wichtig zu vermerken, daß man auch in bestimmten christlichen und theologischen Kreisen eine Strömung antreffen kann, die der liberalen Wirtschaft aufgeschlossen gegenübersteht, besonders in den Vereinigten Staaten, und die eine breite bibliographische Produktion hervorgebracht hat. Siehe zum Beispiel M. Novak, *Der Geist des demokratischen Kapitalismus,* Frankfurt am Main 1992.

27) „Unmenschliches Elend," schreibt Medellín (Dokumente von Medellín [= Adveniat: Dokumente, Projekte; 1-3], Essen 1972) Pobreza 1, „Armut, die sich gegen das Evangelium richtet", schreibt Puebla (wie Anm. 13, S. 170) 1159, „die verheerendste und ernie-

drigendste Plage, die Lateinamerika und die Karibik erlebt", Santo Domingo (wie Anm. 4, S. 169) 179.

28) Bericht [vgl. Anm. 25] 1996,2. In den vergangenen 30 Jahren entwickelte sich der Anteil am Einkommen der Ärmsten der Weltbevölkerung (20 Prozent) von 2,3 Prozent (ohnehin sehr niedrig) auf 1,4 Prozent. Im Gegensatz dazu wuchs der Anteil der Reicheren (20 Prozent) von 70 auf 85 Prozent , „so verdoppelte sich das Verhältnis zwischen der den Reichsten und den Ärmsten entsprechenden Proportion von früher 30 zu 1 zu 60 zu 1". Wenn man dazu die Ungleichheit zwischen Reichen und Armen im Innern der Länder hinzufügt, dehnt sich die Marge zwischen den Reichsten und den Ärmsten der Welt deutlich aus. Eine weitere beeindruckende Zahl nennt der Bericht: Die Aktivvermögen der 360 reichsten Personen der Welt „übersteigen das Jahreseinkommen von Ländern, in denen 45 Prozent der Weltbevölkerung leben". Der Bericht von 1999 bemerkt, daß „die größten Vermögen der Welt mehr besitzen als das gesamte Bruttoinlandsprodukt der Gruppe der weniger entwickelten Länder, das heißt von 600 Millionen Einwohnern". Tatsächlich belegt der genannte Bericht, daß die Ungleichheiten zwischen Reichen und Armen sowohl im Innern der Länder als auch auf internationalem Niveau gewachsen sind. In diesem letzten Fall verfügt der fünfte Teil der Weltbevölkerung über „86 Prozent des weltweiten Bruttosozialprodukts, gegenüber 1 Prozent der armen Länder" (Bericht [vgl. Anm. 25] 1999, 3).

29) Fügen wir hinzu, daß Lateinamerika unter den armen Regionen die größte Ungleichheit bei der Einkommensverteilung aufweist (vgl. *Informe de la comisión latinoamericana y del Caribe sobre el desarrollo social*, 1995).

30) Gemäß einer Schätzung der Weltbank wuchs das Verhältnis zwischen dem Pro-Kopf-Einkommen der reicheren Länder und dem der ärmeren Länder von 11 im Jahr 1870 auf 38 im Jahr 1980 und auf 52 im Jahr 1985 (zitiert nach J. Iguíñiz, *Conexión y desconexión entre economía y desarrollo humano*, in: *El rostro de Dios en la historia*, Lima 1996, 71–104). Zu dieser Situation siehe die beunruhigenden Daten, die der Bericht der Weltbank aufführt, *Weltentwicklungsbericht 2000/2001*, Bonn 2001.

31) Vgl. A. Figueroa, T. Altamirano, D. Sulmont, *Desigualdad y exclusión social en el Perú*, Lima 1996.

32) Darüber hinaus tendieren die Technisierung und Automatisierung der Arbeit dazu, auf die Handarbeit zu verzichten, selbst im

Inneren der industrialisierten Länder. Von daher die Beschäftigungskrise in unseren Tagen *(Laborem exercens* 8 [wie Anm. 11, S. 169] nennt sie die „Plage der Arbeitslosigkeit"), sie drückt sich im Phänomen des Wirtschaftswachstums ohne Beschäftigung aus, das, „wie der Bericht des PNUD von 1996 schreibt, „sich für hunderte Millionen von Menschen, die Aufgaben mit geringer Produktivität in der Landwirtschaft und im nicht-strukturierten Parallelsektor verrichten, in langen Arbeitsstunden und sehr geringen Einkommen niederschlägt" (Bericht [vgl. Anm. 25] 1996, 4).

33) Bischofskonferenz der Katholischen Bischöfe der Vereinigten Staaten von Amerika, *Wirtschaftliche Gerechtigkeit für alle* (1986), (Stimmen der Weltkirche 26, hg. v. Sekretariat der Deutschen Bischofskonferenz) 87 (Hervorhebungen im Original).

34) Dieses Kriterium ruft den zweiten Grundsatz der Gerechtigkeit John Rawls' *A Theory of Justice,* 2. Aufl. 1996, 68 (deutsch: *Eine Theorie der Gerechtigkeit,* Frankfurt am Main 2003), in Erinnerung, mit der Besonderheit der Folgen für die Armen, auf die wir angespielt haben.

35) *Predigt bei der Messe in Edmonton am 17. September* (in: Der Apostolische Stuhl 1984, 719 ff.; Hervorhebungen dieser Ausgabe) 3-4. Jahre vorher hatte der Papst in seiner Enzyklika *Redemptor hominis* hinsichtlich desselben Textes bei Matthäus geschrieben: „Dieses eschatologische Bild muß immer auf die Geschichte des Menschen ‚angewandt' werden, muß stets der Maßstab für die menschlichen Handlungen sein" (16).

36) Auf dieser Linie liegt der Anruf, der aus den Texten über die Antlitze der Armen hervorgeht, denen wir in *Puebla* ([wie Anm. 13 auf S. 170] 31-39) und *Santo Domingo* ([wie Anm. 4 auf S. 169] 178-179) begegnen.

37) „Bei extremer Vereinfachung hält man die Skepsis gegenüber den Metaerzählungen für ‚postmodern'." J. F. Lyotard, *Das postmoderne Wissen,* Graz 1986, 14.

38) *La postmodernidad explicada a los niños,* Barcelona 1987, 29 (deutsch: *Postmoderne für Kinder,* Wien 1987).

39) *La postmodernidad explicada a los niños* (wie Anm. 38).

40) *Das postmoderne Wissen* (wie Anm. 37) 14. In diesem Sinne muß der Marxismus als eine dieser Metaerzählungen angesehen werden.

41) „Die Moderne", sagt G. Vattimo, „hört auf zu existieren, wenn aus vielfältigen Gründen die Möglichkeit verschwindet, weiterhin

von der Geschichte als einer einheitlichen Entität zu sprechen", *Posmodernidad ¿una sociedad transparente?*, in: *En torno a la posmodernidad*, Barcelona 1990, 10.

42) *Posmodernidad y fin de la historia*, in: *Etica de la interpretación*, Barcelona 1991, 28 (original: *Etica dell' interpretatione*, Turin 1989). Die Metaphysik ist mit der Gewalt verbunden, die wir zuvor erwähnten. „Die Wurzeln der metaphysischen Gewalt liegen in letzter Konsequenz in der autoritären Beziehung, die sie zwischen der Grundlage und dem Grundgelegten herstellt". G. Vattimo, *Ontología dell´attualità*, in: *Filosofía '87*, Rom/Bari, 1988, 201.

43) Zitiert in T. Oñate, *Introducción*, in: G. Vattimo, *La sociedad transparente*, Barcelona 1990, 38 (deutsch: *Die transparente Gesellschaft*, Wien 1992). Von diesem letzten Autor haben wir den Titel des vorliegenden Paragraphen genommen.

44) Vgl. Agnes Heller, *Los movimientos culturales,* in: *Colombia: el despertar de la modernidad,* hg. v. F. Viviescas/F. Giraldo, Bogotá 1991.

45) „Die einzige globale Vision der Wirklichkeit, die uns als wahrscheinlich erscheinen kann," sagt Vattimo, „ist eine Vision, die sehr tiefgreifend die Erfahrung der Fragmentierung aufnimmt (...) Wir können nur eine Ethik wiederherstellen, indem wir von dem Bewußtsein ausgehen, daß eine Ethik der Prinzipien nur möglich ist, nachdem sie als Anwendung eines universalen Prinzips verwirklicht werden. Unsere Ethik ist die Auflösung der Universalität" (*Interview* in: *Revista de Occidente*, Nr. 104, Januar 1990, 127).

46) Das schwache Denken ist „ein Versuch, eine Emanzipationsmöglichkeit zu finden, die nicht mit den Starrheiten der revolutionären Tradition, der dialektischen Politik verbunden ist". Eine Möglichkeit „sozialer Transformation vom Innern des spätmodernen Kapitalismus aus, in Einklang mit der Vorstellung dieser Befreiungsbewegungen im Innern der kapitalistischen Gesellschaft, die die Machtergreifung im klassischen leninistischen Sinne nicht als Bedingung der Verwirklichung mit sich bringen" (Vattimo, *Interview* [wie Anm. 45], 126 und 123). Das ist einer der Gründe, aus denen heraus J. Habermas das postmoderne Denken beschuldigt, eine neokonservative Bewegung in der Politik zu sein. Der deutsche Philosoph denkt, daß die Moderne viel eher ein „unvollendetes Projekt" ist.

47) Vgl. J. M. Mardones, *Postmodernidad y cristianismo,* Santander, 1988, und S. Lash, *Sociology of Postmodernism,* London/New York 1990.

48) Hier ist die Bemerkung angebracht, daß, so unumstritten der Einfluß des Christentums auf das Hegelsche Denken ist, dieser nicht auf eine Identität zwischen beiden hinausläuft.

49) Vgl. G. Vattimo, *Le aventure della differenza*, Mailand 1980.

50) Vgl. C. Lash, *The Culture of Narcissism*, New York / London 1991.

51) Vgl. A. Jiménez, *A vueltas con la postmodernidad* in: *Proyección* Nr. 155, Oktober–Dezember 1989, 304. Der Autor verweist auf G. Lipovetsky.

52) H. Peukert bemerkt, daß die Hermeneutik der Differenz, von der die Verfechter der Postmoderne sprechen, Gefahr läuft, „nur das Andere des eigenen Denkens zu denken, statt das andere Denken der Anderen wahrzunehmen". *Philosophische Kritik der Moderne*, in: *Concilium* 28 (1992) 465–471, 470.

53) „Sowohl die Moderne mit ihren Werten und Gegenwerten als auch die Postmoderne als für die Transzendenz offener Raum stellen ernstzunehmende Herausforderungen an die Evangelisierung der Kultur dar" *(Santo Domingo* [wie Anm. 4, S. 169] 252). Vgl. auch die eher kritischeren Reflexionen, die vorgestellt werden in J. Derrida / G. Vattimo, *Die Religion*, Frankfurt 2001). Dem müßte man die neuen Überlegungen zu dem Thema hinzufügen, die G. Vattimo in: *Glauben – Philosophieren*, Stuttgart 1997, vorstellt.

54) Der Ausdruck findet sich in dem Dokument, das auf *Medellín* vorbereitet, und in der „Botschaft" dieser Konferenz.

55) *Ansprache an die 19. Vollversammlung des Lateinamerikanischen Bischofsrats (CELAM) in Port-au-Prince am 9. März* (in: Der Apostolische Stuhl 1983, 385) III.

56) Für diese Zeilen greifen wir auf das in G. Gutiérrez, *Teología de la liberación*, Lima 1971 und 2. Aufl. 1982 (wie Anm. 1, S. 171), 57–58 und 112–113 *entsprechend, Gesagte* zurück; vgl. auch *Beber en su propio pozo*, Lima 1986, 140–141 (deutsch: *Aus der eigenen Quelle trinken*, München 1986).

57) Deshalb sprechen wir von drei Dimensionen der integralen Befreiung, die weder zu vermischen noch nebeneinanderzustellen sind: Befreiung in der Gesellschaft (sozial), Befreiung der Person (personal) und Befreiung durch das Wirken des Erlösers (soteriologisch): Befreiung von der Sünde und Eintritt in die Gemeinschaft mit Gott und den Anderen.

58) Die Enzyklika *Veritatis splendor* von Johannes Paul II. ist diesen Themen gewidmet.

59) *Aufstieg auf den Berg Karmel,* Freiburg 2. Aufl. 2003, Lied, 8.
60) *Oraciones a quemarropa,* Lima 1982, 2.
61) Wir greifen in den folgenden Zeilen einige Punkte auf, die in unserem Artikel *Relectura de San Juan de la Cruz desde América Latina* in: *Actas del Congreso Internacional San Juanista,* Bd. 3, Junta de Castilla y León, 1993, 325–335, und G. Gutiérrez, *Densidad del presente,* Lima 1996, dargestellt werden.
62) Aus diesen Gründen verkennen jene, die denken – und schreiben –, daß die Theologie der Befreiung in diesen Jahren wegen der Debatten, die ihre Stellungnahmen hervorgerufen haben, in das Gebiet der Spiritualität und der Mystik übergegangen ist, die Quellen und den bereits zurückgelegten Weg dieser Reflexion über den Glauben. Sie vergessen auch, daß sich die christliche Spiritualität nicht in einem himmlischen Raum bewegt, vielmehr spricht sie stets – muß sie stets sprechen – von der Bezugnahme auf das Alltägliche und der Solidarität mit den Anderen, besonders mit den Schwächsten der Gesellschaft. Die geistlichen Erfahrungen, die in Lateinamerika gemacht werden – und die bis zur Hingabe des Lebens gehen – bewegen sich in diesem Sinne.
63) Vgl. das Ergebnis zweier Begegnungen, veröffentlicht in *Teología India* I (México), Quito/México 1991, und *Teología India* II (Panamá), Quito/México 1994. In dem zweiten Buch siehe E. López, *Tendencias de la teología india hoy,* 5–26.
64) Vgl. das Sammelwerk *Cultura negra y Teología,* San José/Costa Rica 1986, und Antonio Aparecido da Silva, *Jesus Cristo Luz e Libertador do povo afro-americano* in: *Revista ecclesiástica brasileira,* September 1996, 636–663.
65) Vgl. die drei Sammelwerke *El rostro femenino de la teología,* hg. v. María Pilar Aquino, San José/Costa Rica 1986, *Aportes para una teología desde la mujer,* Madrid 1988, und *Las mujeres toman la palabra,* hg. v. Elsa Tamez, San José/Costa Rica 1989. Siehe auch Ada María Isasi-Diaz/Yolanda Tarango, *Hispanic Women,* San Francisco 1988, Adelaida Sueiro, *La mujer, un rostro del pobre en el Perú,* in: *Páginas* 134, August 1995, 60–76, und Barbara Pataro Bucker, *O Femenino da Igreja e o conflito,* Petropolis 1995.
66) Vgl. G. Gutiérrez, *Reflections from a latinoamerican perspective: finding our way to talk about God,* in: V. Fabella/S. Torres, *Irruption of the Third World,* New York 1983, 222–234, und D. Irarrázaval, *Nuevas rutas de la teología latinoamericana,* in: *Revista latinoamericana de teología* 38, Mai–August 1996, 183–197.

67) Kürzlich erinnerte Johannes Paul II. an die Notwendigkeit, einen Sinn für den Anderen zu haben und den „Unterschied" nicht zu fürchten (vgl. die 50. Generalversammlung der Vereinten Nationen am 10. Oktober 1995).

68) In seiner beredten Ansprache an die zweite Konzilssitzung sagte Paul VI.: „Die Welt soll wissen: Die Kirche schaut auf sie mit tiefem Verständnis, mit aufrichtiger Bewunderung und mit dem ehrlichen Vorsatz, sie nicht zu erobern, sondern ihr zu dienen, nicht um sie zu verachten, sondern um sie aufzuwerten, nicht um sie zu verurteilen, sondern um sie zu stärken und zu retten" (29. September 1963). Eine Perspektive, die nichts von ihrer Aktualität verloren hat.

69) Es ist in unseren Tagen möglich, der Bedeutung eines gewissen Punktes gewahr zu werden, um den Dialog mit den großen Religionen der Menschheit zu erhellen, der ebenfalls in einigen Fällen – zahlenmäßig überschaubaren, aber bedeutsamen – in Lateinamerika gilt. Es handelt sich um Jesus Christus, den Menschen, in der Geschichte einer von uns gewordenen Sohn Gottes, Juden, Mariens Sohn, der zu einem bestimmten Volk gehörte. Die Geschichtlichkeit Jesu kann für diejenigen religiösen Perspektiven Probleme aufwerfen, die es schwierig finden, Elemente anzunehmen, die nach ihrem Urteil von außerhalb ihrer kulturellen Traditionen kommen. Dennoch ist der geschichtliche Charakter der Menschwerdung ein zentrales Element des christlichen Glaubens. Man müßte im übrigen und für alle Fälle vertiefen, was die Kategorien „innerhalb" und „außerhalb" unserer eigenen Geschichte im Bereich der Ideen bedeuten.

70) Eine Perspektive, die man seit den ersten Schritten der jüngsten Vorgeschichte des Ausdrucks „vorrangige Option für die Armen" findet, vgl. den vollständigen Text der Intervention des Kardinals G. Lercaro, die aus Gründen des Vortrags in der ersten Sitzung des Konzils am 6. Dezember 1962 abgekürzt werden sollte, in: *Per la forza dello Spirito*, Bologna 1984, 113-122.

71) *Mink'a* nennt man sie in der Andenwelt, vgl. E. Meyer, *Las reglas del juego en la reciprocidad andina*, in: *Reciprocidad e intercambio en los Andes peruanos*, hg. v. G. Alberti / E. Meyer, Lima 1974, 37-65.

72) Vgl. die Bemerkungen von E. Arens mit Bezug auf *Neoliberalismo y valores cristianos* in: *Páginas* Nr. 137 (Februar 1996) 47-59.

73) Vgl. Johannes Paul II., *Centesimus annus* (wie Anm. 7) 30-87 und Apostolisches Schreiben *Tertio millennio adveniente* (1994) (= Ver-

lautbarungen des Apostolischen Stuhls 119, hg. v. Sekretariat der Deutschen Bischofskonferenz) 13 und 51.

74) Vgl. die interessanten Erfahrungen und Reflexionen über eine solidarische Volkswirtschaft, die L. Razeto in *Economía Popular de Solidaridad*, Santiago 1986, und *Crítica de la economía, mercado democrático y crecimiento*, Santiago 1994, vorstellt.

75) Vgl. die Beschreibung und die Reflexion wertvoller Erfahrungen, die in diese Richtung gehen, vorgestellt von Carmen Lora, *Creciendo en dignidad*, Lima 1996.

76) Zum Beispiel geschichtlicher Ordnung, nachdem die asymmetrischen Wirtschaftsbeziehungen – um es so zu sagen – zwischen den reichen Ländern und jenen, die jahrhundertelang ihre Kolonien waren, gegeben sind. Vor mehreren Jahrzehnten stellte J. M. Keynes in aller Ernsthaftigkeit eine beunruhigende Rechnung auf. Dem englischen Wirtschaftswissenschaftler nach würde, wenn man den Schatz, den der Pirat Drake am Ende des 16. Jahrhunderts Spanien geraubt hat (das sagt Keynes unter Bezugnahme auf einen – letztlich geringen – Teil des Goldes, das aus dem heute Lateinamerika und Karibik genannten Bereich kommt), mit dem mäßigen Zinssatz von 3,25 Prozent ausgestattet hätte, die Ergebnissumme im Jahr 1930 die Summe der Außeninvestitionen Englands ausmachen (vgl. *Economic possibilities for our grandchildren* [wie Anm. 24] 323–324).

77) Vgl. Johannes Paul II, *Centesimus annus* (wie Anm. 7) 35 und *Tertio millennio adveniente* (wie Anm. 73) 51 (der von einem „erheblichen Erlaß" spricht); Päpstliche Kommission Justitia et Pax, *Ein ethischer Ansatz zur Überwindung der internationalen Schuldenkrise*, Dezember 1986 (= Arbeitshilfe 50, hg. v. Sekretariat der Deutschen Bischofskonferenz) und *Santo Domingo* (wie Anm. 4, S. 169) 197–198.

78) Zu einer Untersuchung des Themas des Jubiläums in seiner Beziehung zur Botschaft Jesu in der Bibel siehe Sharon Ringe, *Jesus, Liberation and the Biblical Jubilee*, Philadelphia 1985.

79) Es ist interessant zu sehen, wie die Perspektive von Tod und Leben auf dem Feld der Wirtschaft betrachtet wird, vgl. von dem bekannten, fleißigen A. Sen, *La vida y la muerte como indicadores económicos* in: *Investigación y Ciencia*, Juli 1993, 6–13.

80) Die Beobachtung von Johannes Paul II., „am Ende des zweiten Jahrtausends ist *die Kirche erneut zur Märtyrerkirche geworden*", ist in Lateinamerika und in der Karibik heute leicht zu verstehen.

Besonders wenn er hinzufügt: „*In unserem Jahrhundert sind die Märtyrer zurückgekehrt,* häufig unbekannt" (*Tertio millennio adveniente* [wie Anm. 73] 37 [Hervorhebungen im Original]). Aber es handelt sich dabei ohne Zweifel um eine Bestätigung, die auch für andere Regionen der Welt gilt.

81) Vgl. J. Moltmann, *Zukunft der Schöpfung,* München 1977; R. Coste, *Dieu et l'écologie,* Paris 1994, und in lateinamerikanischer Perspektive L. Boff, *Schrei der Erde, Schrei der Armen,* Düsseldorf 2002.

82) In dieser menschlichen Ökologie muß man der Verschmutzung gewahr werden, die von der Korruption kommt, die auf den Ebenen der hohen Politik und Wirtschaft gepflegt wird. Eine wahrhaftige Krankheit, die, auch wenn es sie in den industrialisierten Ländern gibt, in der Lage ist, die schüchternen Entwicklungsbemühungen der armen Länder zunichte zu machen.

83) J. Comblin, *Cristâos rumo ao século XXI,* Sâo Paulo 1996.

Die gemeinsame Zukunft der einen Kirche: Solidarität in Christus
(Gerhard Ludwig Müller)

1) *Theologie der Befreiung* (wie Anm. 1 auf S. 171)
2) G. Gutiérrez, *Aus der eigenen Quelle trinken* (wie Anm. 56, S. 180) 9.

Bischof Gerhard Ludwig Müller
Die Messe

„Quelle und Höhepunkt des christlichen Lebens" nennt das Zweite Vatikanische Konzil die heilige Messe. Die Liturgie der Kirche, in der sich Himmel und Erde begegnen, ist gelebtes Bekenntnis. In jeder heiligen Messe tritt der Christ in das Zentrum seines Glaubens. Bischof Gerhard Ludwig Müller erklärt die Messe als dramatisches Heilsgeschehen, das sich zwischen Gott und Mensch abspielt und uns zuinnerst betrifft. Mit seinem Werk „Die Messe" erschließt der langjährige Münchener Dogmatikprofessor und international renommierte Theologe eine Fülle von Glaubensschätzen und entwickelt auf höchstem Niveau, aber ohne Fachjargon eine kompakte katholische Glaubenslehre von der Quelle her.

ISBN 3-929246-90-2
Geb., 208 Seiten

SANKT ULRICH VERLAG

Eugen Biser
Wege des Friedens

So lange ich noch eine Stimme habe, werde ich schreien: Frieden, Frieden. Im Namen Gottes, Frieden!" Dieser dramatische Appell von Papst Johannes Paul II., gesprochen in eine Welt aktueller und drohender kriegerischer Konflikte, trifft die tiefe Sehnsucht des Menschen nach Frieden. Nur der Frieden läßt Kultur, Entwicklung, Wohlstand und eine gerechte Weltordnung zu. Frieden ist daher die einzige zukunftsweisende Realpolitik und viel mehr als nur die „Abwesenheit von Krieg". Warum ist der Frieden immer wieder bedroht? Wie kann Frieden erreicht und erhalten werden? Der bekannte Religionsphilosoph Eugen Biser entwirft eine radikale Philosophie des Friedens, die sowohl für den einzelnen Menschen wie für die Menschheit Wege zum Frieden ebnet.

ISBN 3-929246-92-9
Geb., 192 Seiten

Peter Kreeft
Ökumenischer Djihad?

Die Welt ist im Krieg. Nicht zwischen den Religionen, sondern zwischen Gut und Böse, zwischen den Gläubigen aller Religionen und den Mächten der Gottlosigkeit. Der amerikanische Bestsellerautor Peter Kreeft ruft in diesem ebenso aktuellen wie provozierenden Buch Christen, Moslems, Juden und alle Menschen guten Willens dazu auf, gemeinsam den Kampf aufzunehmen gegen die Bedrohung des menschlichen Lebens, der Familie und des Glaubens durch Materialismus und moralische Korruption.

ISBN 3-929246-93-7
Geb., 160 Seiten

Christoph Goldt

Mission Frieden

Der „Realpolitiker" Johannes Paul II., der maßgeblichen Anteil am Sturz der kommunistischen Regime in Mittel- und Osteuropa hat, ist weit über die katholische Kirche hinaus zu einer moralischen Autorität für den Weltfrieden geworden. Welche globalen politischen Alternativen verbindet der Vatikan mit seinem kategorischen „Nein zum Krieg"? Christoph Goldt zeigt, welche Perspektiven internationaler Politik sich aus den Verlautbarungen und Friedensinitiativen der Päpste bis zu Johannes Paul II. ergeben. Ausgehend vom Begriff des internationalen Gemeinwohls entwirft er die Prinzipien einer christlich inspirierten „Weltinnenpolitik" im Zeitalter von Globalisierung und weltweiter Gewalt. „Mission Frieden" bietet zugleich eine Auseinandersetzung mit den Institutionen internationaler Politik und deren völkerrechtlichen Grundlagen.

ISBN 3-936484-08-2
Geb., 216 Seiten